learn Italian for Beginners

Fast and fun way to study language with grammar, dictionary and Italian tips. Ciao, Grazie, Prego.

By Language Planet

© **Copyright 2019 - All rights reserved.**

The content contained within this book may not be reproduced, duplicated or transmitted without direct written permission from the author or the publisher.

Under no circumstances will any blame or legal responsibility be held against the publisher, or author, for any damages, reparation, or monetary loss due to the information contained within this book. Either directly or indirectly.

Legal Notice:
This book is copyright protected. This book is only for personal use. You cannot amend, distribute, sell, use, quote or paraphrase any part, or the content within this book, without the consent of the author or publisher.

Disclaimer Notice:
Please note the information contained within this document is for educational and entertainment purposes only. All effort has been executed to present accurate, up to date, and reliable, complete information. No warranties of any kind are declared or implied. Readers acknowledge that the author is not engaging in the rendering of legal, financial, medical or professional advice. The content within this book has been derived from various sources. Please consult a licensed professional before attempting any techniques outlined in this book.

By reading this document, the reader agrees that under no circumstances is the author responsible for any losses, direct or indirect, which are incurred as a result of the use of information contained within this document, including, but not limited to, — errors, omissions, or inaccuracies.

Table of Contents

L'alfabeto italiano (Italian alphabet) 1

I numeri (numbers) 3
    Numeri a una cifra *(One-digit numbers)* 3
    Numeri a due cifre irregolari *(Irregular two-digit numbers)* 3
    Numeri a due cifre con uno zero *(Two-digit numbers with a zero)* 4

Leggere e dire l'orario (read and tell time) 8

Vocabolario: giorni della settimana *(vocabulary:days of week)* 11

Vocabolario: mesi dell'anno (vocabulary: months of the year) 13

Vocabolario : le date *(vocabulary: dates)* 14

Vocabolario: le stagioni *(vocabulary: seasons)* 15

Vocabolario :abbigliamento ed accessori *(vocabulary: clothing and accessories)* 17

Vocabolario: i colori (vocabulary: colours) 20

Grammatica: gli articoli *(grammar:articles)* 22
    USI PARTICOLARI DEGLI ARTICOLI (article particolar uses) 26

Grammatica: genere Maschile e genere Femminile *(grammar: male and feminine)* 28

Grammatica: dal maschile al femminile *(grammar: masculine to feminine)* 30

Grammatica: Singolare e Plurale *(grammar: singular and plural)* 32
    PLURALE IRREGOLARE *(IRREGULAR PLURAL)* 34

Grammatica: gli Aggettivi *(Grammar:adjectives)* 36
    AGGETTIVI QUALIFICATIVI (qualifying adjectives) 36
    POSIZIONE DELL'AGGETTIVO *(position of the adjective)* 39
    AGGETTIVI INTERROGATIVI *(questional adjectives)* 40

AGGETTIVI ESCLAMATIVI *(exclamative adjectives)*.................41

Grammatica: gli Aggettivi Possessivi *(grammar:possesive adjectives)* 43

Grammatica: le preposizioni *(grammar: prepositions)*....45

Vocabolario: alcuni Verbi e dubbi sull'uso. *(vocabulary: verbs and doubts about use)*................................. 49

RIUSCIRE e POTERE *(to succes/ to power)* 50

SAPERE e CONOSCERE *(to know/ to meet)*.....................52

BISOGNARE e NECESSITARE *(to need)*..........................55

ANDARE e VENIRE *(to come/to go)*................................56

FERMARE e SMETTERE *(to stop)*....................................58

SENTIRE e ASCOLTARE *(to hear/ to listen/ to feel)* 60

ESSERE e STARE (to be/to stay) 62

ACCADERE- SUCCEDERE-CAPITARE *(to happen)*...........65

ESSERE vs AVERE, gli ausiliari italiani (to be and to have, Italians auxiliary verbs) 68

GRAZIE *(thank you)*...72

PREGO in italiano *(you are welcome in Italian)*................75

ESPRESSIONI FREQUENTI *(frequent expressions)* 77

   C'È e CI SONO (there is and there are) 77

Pronuncia di alcune parole in italian (Pronunciation of some words in Italian) 79

Grammatica: avverbi di luogo *(Grammar:space adverbs)*80

Vocabolario parole più utilizzate: APPENA *(most used words:as soon as, just)*... 83

Vocabolario parole più utilizzate: ALLORA *(Vocabulary most used words:than)*..85

Parole ingannevoli: FALSI AMICI (Misleading words: FALSE FRIENDS)... 88

Vocabolario: Come stai? Sto bene *(Vocabulary, meet a person)* 92

COSA RACCONTI? : IMPOSTARE UN DIALOGO. *(what's up? : set a dialogue)* 95

Vocabolario: fenomeni atmosferici, che tempo fa? (atmospheric phenomena, what's the weather like?) 97

Vocabolario: verbi utili per viaggiare in Italia *(useful verbs for traveling in Italy)* 102

    PRENOTARE *(to book)* 102

    DISDIRE *(to cancel)* 103

    DECOLLARE / ATTERRARE *(to take off/to land)* 104

    ASSAGGIARE *(to taste)* 104

    MISURARE/ PROVARE *(to try on/to misure)* 105

    FARE DOMANDA (presso) *(to apply)* 106

    PERMETTERE/PROIBIRE *(to allow/to prohibit)* 106

    È OBBLIGATORIO/È VIETATO *(it's mandatory/forbidden)* 107

    NOLEGGIARE *(to rent)* 108

Vocabolario: in cucina *(in the kitchen)* 109

    Elettrodomestici *(Domestic appliances)*: 109

    Gli utensili *(The utensils for eating)*: 109

    Posate E Recipienti *(Cutlery And Containers)*: 111

Vocabolario: buono, bene, bello e bravo *(vocabulary: good,well, nice)* 113

MI PRESENTO (my presentation) 116

Concetto Socio-Linguistico: l'uso Del Tu E Del Lei *(Socio-Linguistic Concept: the Use of TU and LEI)* 119

Vocabolario: la famiglia *(vocabulary: family)* 123

Vocabolario: fare la spesa *(vocabulary: grocery shopping)* 128

Grammatica: pronomi personali soggetto e complemento *(grammar: personal pronouns subject and complement)* 132

Vocabolario : le principali professioni (Vocabulary: most important professions) 135

Grammatica: Italiano lingua a Soggetto nullo *(Grammar: Italian language with no subject)* 137

Vocabolario: al ristorante *(vocabulary: at restaurant)* .. 139

    ALCUNI PIATTI E PRODOTTI TIPICI DELLA TRADIZIONE ITALIANA *(some dishes and typical products of the italian tradition)* 142

Vocabolario: in hotel *(vocabulary: in hotel)* 146

    DIALOGO PER PRENOTARE UNA CAMERA in HOTEL *(dialogue for booking a room in a hotel)* 148

Vocabolario: descrizione casa/appartamento *(vocabulary: home description)* 151

    DIALOGO PER VISITARE UN APPARTAMENTO CON UNA AGENZIA IMMOBILIARE *(dialogue to visit an apartment with a real estate agency)* 155

Vocabolario: parti del corpo *(vocabulary: body)* 159

Vocabolario: malattie, malessere *(vocabulary: illnesses)* 165

L'alfabeto italiano (Italian alphabet)

L'alfabeto italiano si compone di 21 lettere:5 vocali e 16 consonanti.

(The Italian alphabet consists of 5 vowels and 16 consonants)

Le vocali sono *(vowels are)*

A – E – I – O – U

Le consonanti sono *(consonants are)*:

B – C – D – F – G – H – L – M – N – P – Q – R – S – T – V – Z

Per imparare bene la pronuncia dell'alfabeto italiano utilizziamo i nomi delle principali città, utili anche per fare lo spelling delle parole *(To learn the pronunciation of the Italian alphabet we use the names of the main cities, which are also useful for spelling words):*

Ancona

Bologna

Cagliari

Domodossola

Enna

Firenze

Genova

Hotel (non esiste una città in Italia che inizi con la h)(*there is no city in Italy that begins with the h*)

Imola

Livorno

Milano

Napoli

Ostuni

Palermo

Quarto

Roma (la capitale italiana) (*the Italian capital*)

Salerno

Torino

Urbino

Venezia

Zagarolo

Inoltre vi sono 5 lettere straniere utilizzate in diverse parole entrate a far parte del vocabolario italiano (*in addition there are 5 foreign letters used in different words that have become part of the italian vocabulary*):

Yogurt, Yacht, Jeans, Ketchup, Wurstel ...

I numeri (numbers)

Numeri a una cifra *(One-digit numbers)*

0	zero	*zero*
1	uno	*one*
2	due	*two*
3	tre	*three*
4	quattro	*four*
5	cinque	*five*
6	sei	*six*
7	sette	*seven*
8	otto	*eight*
9	nove	*nine*

Numeri a due cifre irregolari *(Irregular two-digit numbers)*

11	undici	*eleven*
12	dodici	*twelve*
13	tredici	*thirteen*
14	quattordici	*fourteen*
15	quindici	*fifteen*

16	sedici	*sixteen*
17	diciassette	*seventeen*
18	diciotto	*eighteen*
19	diciannove	*nineteen*

Numeri a due cifre con uno zero *(Two-digit numbers with a zero)*

10	dieci	*ten*
20	venti	*twenty*
30	trenta	*thirty*
40	quaranta	*forty*
50	cinquanta	*fifty*
60	sessanta	*sixty*
70	settanta	*seventy*
80	ottanta	*eighty*
90	novanta	*ninety*

Per i **numeri a due cifre regolari** si uniscono i **numeri con lo zero** ai **numeri con una cifra**. *(For "regular" two-digit numbers, there is a kind of rule: just combine the numbers with the zero and the single-digit numbers)*

30 + 2 = trenta più due = trentadue (**32**) *(thirty plus two = thirty two)*

50 + 7 = cinquanta più sette = cinquantasette (**57**) *(fifty plus seven = fifty seven)*

40 + 9 = quaranta più nove = quarantanove (**49**) *(forty plus nine = forty nine)*

90 + 3 = novanta più tre = novantatre (**93**) *(ninety plus three = ninety-three)*

NOTA *(note)*

i numeri **UNO (1)** e **OTTO (8)** cominciano per vocale quindi quando si uniscono ai **numeri con lo zero** che terminano per vocale questa ultima non si pronuncia *(the numbers UNO (1) and OTTO (8) begin by vowel so when they join the numbers with zero ending by vowel this last one is not pronounced)*

esempi *(examples)*:

20 + 1 = venti più uno = ventuno (**21**) *(twenty plus one = twenty-one)*

30 + 8 = trenta più otto = trentotto (**38**) *(thirty plus eight = thirty-eight)*

60 + 8 = sessanta più otto = sessantotto (**68**) *(sixty plus eight = sixty-eight)*

Numeri a tre cifre con due zeri

100	cento	one hundred
200	duecento	two hundred
300	trecento	three hundred
400	quattrocento	four hundred
500	cinquecento	five hundred
600	seicento	six hundred
700	settecento	seven hundred

800	ottocento	**eight hundred**
900	novecento	**nine hundred**

I numeri a 3 cifre con due zeri (a parte il numero 100) si formano unendo il numero a una cifra al -cento. Per formare gli altri **numeri a tre cifre** basterà addizionarli tutti insieme (*Except for the number one hundred, all other 3-digit numbers with two zeros are formed by combining the number with a digit + hundred. To form the other three-digit numbers, simply merge them*)

Esempi *(exemples)*

200 + 70 + 2 = duecento più settanta più due = duecentosettantadue (**272**) *(two hundred plus seventy plus two = two hundred seventy-two)*

400 + 50 + 3 = quattrocento più cinquanta più tre = quattrocentocinquantatre (**453**) *(four hundred plus fifty plus three = four hundred plus fifty plus three)*

600 + 70 + 2 = seicento più settanta più due = seicentosettantadue (**672**)
(six hundred plus seventy plus two = six hundred seventy-two)

Continuando con la stessa modalità, per formare i **numeri a quattro cifre con tre zeri** si unisce il numero a una cifra con **–mila (a parte il numero mille,** 1000). *(Continuing in the same way, to form four-digit numbers with three zeros, the one-digit number is combined with –mila (apart from the thousand, 1000 number).*

2000	duemila	two thousand
3000	tremila	three thousand
4000	quattromila	four thousand

5000	cinquemila	five thousand
6000	seimila	sixthousand
7000	settemila	seven thousand
8000	ottomila	eight thousand
9000	novemila	nine thousand

Per gli altri **numeri a quattro cifre** vale quanto detto fin qui *(For the other four-digit numbers, the same rule described above always applies)*

Esempi *(exemples)*

1000 + 700 + 40 + 6 = mille più settecento più quaranta + sei = millesettecentoquarantasei (**1746**) *(one thousand plus seven hundred plus forty plus six = one thousand seven hundred and forty-six)*

2000 + 19 = duemila più dieci più nove = duemiladiciannove (**2019**) two *(thousand plus ten plus nine = two thousand nineteen)*

5000 + 40 + 3 = cinquemila più quaranta più tre = cinquemilaquarantatre (**5035**) *(five thousand plus forty plus three = five thousand forty three)*

1.000.000 = **un milione** *(one milion)*

2.000.000 = **due milioni** *(two millions)*

...

1.000.000.000 = **un miliardo** *(one billion)*

2.000.000.000 = **due miliardi** *(two bilions)*

Leggere e dire l'orario
(read and tell time)

Saper dire l'orario è fondamentale per qualsiasi tipo di comunicazione perché permette di prendere appuntamenti e di orientarsi nel tempo.

"**Che ora è?**" oppure "**Che ore sono?**" sono forme entrambe corrette.

La risposta invece è introdotta da "**Sono le ...**"

(Knowing how to say the time is fundamental for any type of communication because it allows you to make appointments and orient yourself over time."Che ora è?" Or "Che ore sono?" Are both correct form.The answer instead is introduced by "Sono le ...")

Esempio *(exemple):*

h. 05:00 → *Sono le cinque*   *(It's five o'clock)*

h. 09:00 → *Sono le nove*   *(It's nine o'clock)*

Eccezioni in cui si usa "**È...**"   *(Exceptions using "é ...")* :

h. 01:00 → *È l'una*   *(It's one o'clock)*

h. 12:00 se usiamo l'espressione "*è mezzogiorno*"   *(if we use the expression → It's noon)*

h. 24:00 se usiamo l'espressione "*È mezzanotte*"   *(if we use the expression → It's midnight)*

Esistono due sistemi per parlare del'ora *(there are two ways to read the time)*

1) **sistema delle 24 (ventiquattro) ore** *(24-hour system)*

Si utilizzano i numeri da 1 a 24 (da uno a ventiquattro) per le ore, seguiti dai numeri da 1 a 60 (da uno a sessanta) per i minuti. *(The numbers from 1 to 24 are used for the hours, followed by the numbers from 1 to 60 for the minutes).*

Esempio *(exemple)*:

h. 07:55 → *Sono le sette e cinquantacinque*   *(It's seven fifty-five)*

h. 16:35 → *Sono le sedici e trentacinque*   *(It's sixteen thirty-five)*

h. 09:15 → *Sono le nove e quindici*   *(It's nine fifteen)*

2) **sistema delle 12 (dodici) ore** *(12-hour system)*

Si utilizzano i numeri da 1 a 12 (da uno a dodici) per le ore, seguiti dai numeri da 1 a 60 (da uno a sessanta) per i minuti e se il contesto ha bisogno di chiarimenti si aggiunge: **di mattina**, **del pomeriggio**, **di sera** o **di notte**. *(We use the numbers from 1 to 12 for the hours, followed by the numbers from 1 to 60 for the minutes and if the context needs clarification we add: "in the morning", "In the afternoon", "in the evening" or "at night").*

Esempio *(exemple)*:

h. 16:20 → *Sono le quattro e venti del pomeriggio*   *(It is twenty past four in the afternoon)*

h. 20:00 → *Sono le otto di sera*   *(It's eight o'clock in the evening)*

h. 03:00 → *Sono le tre di notte*   *(It's three in the morning)*

Spesso, soprattutto nell'Italiano parlato, utilizziamo alcune **particolarità** *(Often, especially in spoken Italian, we use some particularities)*:

h. 22:15

"Che ore sono?"

"Sono le ventidue e quindici" oppure "sono le dieci e quindici di sera".

Spesso però diciamo "*Sono le dieci **e un quarto** (di sera)*"

("What time is it?" "It's twenty-two and fifteen" or "it's ten fifteen at night". But often we say "It's a quarter past ten (in the evening)")

h. 09:30

"Che ora è?"

"Sono le nove e trenta"

Spesso però diciamo "*Sono le nove **e mezza** (di mattina)*"

("What time is it?" "It's nine and thirty" But often we say "It's half past nine (in the morning)")

Inoltre, molto spesso, a partire dai 40 minuti, diciamo l'ora indicando il **numero dell'ora seguente meno il numero dei minuti mancanti all'ora seguente** *(Moreover, often, starting from 40 minutes, we say the hour indicating the number of the following hour minus the number of minutes left to the next hour)*

Esempio *(exemple)*:

h. 07:40 → *Sono le otto meno venti*	*(It's twenty to eight)*
h. 9:45 → *Sono le dieci meno un quarto*	*(It's a quarter to ten)*
h. 02:55 → *Sono le tre meno 5*	*(5 minutes to three o'clock)*

Vocabolario: giorni della settimana
(vocabulary: days of week)

lunedì *(Monday)*
martedì *(Tuesday)*
mercoledì *(Wednesday)*
giovedì *(Thursday)*
venerdì *(Friday)*
sabato *(Saturday)*
domenica *(Sunday)*

Nota *(note)*

– i primi 5 hanno l'accento sull'ultima lettera *(the first 5 days have the accent at the end)*

– si scrivono con la lettera minuscola *(everyone writes with a lowercase letter)*

– sono maschili, tranne la domenica *(they are all male, except on Sundays)*

Importante (important):

i giorni della settimana sono proceduti dalla preposizione **DI** o dall' **articolo determinativo** se ci si riferisce a qualcosa che si ripete ogni settimana in quel determinato giorno *(the days of the week are preceded by the definite article or by the preposition DI if we refer to something that is repeated every week on that day)*.

Esempio (exemple):

La domenica (tutte le domeniche) *vado a casa dei nonni e mangio molto, però di lunedì* (tutti i lunedì) *vado in palestra.*

(On Sundays (every Sunday) I go to my grandparents' house and eat a lot, but on Monday (every Monday) I go to the gym)

Se però parliamo di qualcosa accaduto in un giorno particolare e che non si ripete, non usiamo né articolo né preposizione. *(If, on the other hand, we refer to something that happened on a particular day, we will not use the article or the preposition).*

Esempio *(exemple)*:

Martedì sono andato al cinema, mentre sabato ho cenato nel mio ristorante preferito.

(On Tuesday I went to the cinema, while on Saturday I had dinner at my favorite restaurant)

Vocabolario: mesi dell'anno
(vocabulary: months of the year)

gennaio	*(January)*
febbraio	*(Febrary)*
marzo	*(March)*
aprile	*(April)*
maggio	*(May)*
giugno	*(June)*
luglio	*(July)*
agosto	*(August)*
settembre	*(September)*
ottobre	*(October)*
novembre	*(November)*
dicembre	*(December)*

I mesi si scrivono con la lettera minuscola e sono normalmente preceduti dalla preposizione **A**. *(The months are always written with a lowercase letter and are usually preceded by the preposition A).*

Esempio *(example)*:

A settembre vanno tutti a scuola. (In September they all go to school).

La preposizione A è usata anche per **orario** e **giorni festivi** come Natale, Ferragosto, Capodanno ... *(the preposition A is also used for time and holidays such as Christmas, feast of the assumption, New Year ...)*

Esempio *(example)*:

A Natale pranziamo sempre alle 2 e mezza (At Christmas we always have lunch at 2.30)

Vocabolario : le date *(vocabulary: dates)*

L'ordine per riferirsi alle date in italiano è **giorno-mese-anno** *(the order to write or say the dates in Italian is: day-month-year)*

Esempio *(example)*:

Antonio è nato il 20 luglio 1969. (Antonio was born on 20 July 1969)

Nello scritto possiamo usare l'abbreviazione con i soli numeri.

Esempio *(example)*:

Antonio è nato il 20/07/69 (Antonio was born on 20/07/69)

Vocabolario: le stagioni
(vocabulary: seasons)

primavera *(Spring)*
estate *(Summer)*
autunno *(Autumn)*
inverno *(Winter)*

Con le stagioni bisogna usare la preposizione **IN** *(With the seasons we must use the preposition IN)*

Esempio *(example)*:

In inverno le giornate sono più corte. (In winter the days are shorter).

Casi particolari

Usiamo (we use):

A

Con i termini **ALBA** e **TRAMONTO** (with words sunrise and sunset)

DI

Con i termini **MATTINA, POMERIGGIO, SERA, NOTTE** (with Morning, Afternoon, Evening and Night)

NEL

anni e secoli (centuries and years)

weekend

IL LO LA (...) articolo determinativo

espressioni con riferimento al passato o al futuro (l'anno scorso, il mese dopo, la settimana passata ...)

(expressions that refer to the past or the future (last year, the month before, the week after ...)

Esempio *(example)*:

Luca si sveglia **all'Alba** per andare a pescare. (*Luca wakes up at dawn to go fishing.*)

Al tramonto c'è un'atmosfera magica. (*At sunset there is a magical atmosphere.*)

Preferisco studiare **di mattina** piuttosto che **di sera** perché ho più energie. (*I prefer to study in the morning rather than in the evening because I have more energy*).

Vado sempre al cinema **nel weekend**. (*I always go to cine on weekends*).

L'anno prossimo viaggerò in Spagna. (*Next year I will travel to Spain*).

Vocabolario : abbigliamento ed accessori
(vocabulary: clothing and accessories)

- la camicia *(shirt)*
- la maglietta *(T-shirt)*
- la canotta *(vest)*
- il cappello *(hat)*
- la cravatta *(necktie)*
- la felpa *(hoodie)*
- la tuta da ginnastica *(gym suit)*
- il giubbotto di pelle *(leather jacket)*
- la giacca *(jacket)*
- la gonna *(skirt)*
- gli occhiali da sole *(sunglasses)*
- i pantaloni (corti o lunghi) *(trousers or shorts)*
- gli stivali *(boots)*
- le scarpe col tacco *(high heels shoes)*
- le scarpe da ginnastica *(sneakers)*
- l'abito da uomo *(suit)*
- il vestito da sera *(dress)*
- le infradito *(flip flops)*
- il cappotto *(coat)*
- il maglione *(sweater)*
- i guanti *(gloves)*
- la sciarpa *(scarf)*
- i jeans
- le pantofole *(slippers)*
- il costume da bagno da donna (intero)   *(swimsuit)*
- il costume da bagno da uomo (a pantaloncino)
    (shorts swimsuit)
- il costume da bagno da donna (bikini)
- da uomo (a slip)
- la cintura *(belt)*
- la borsa *(bag)*
- il portafoglio *(wallet)*
- lo zaino *(back pack)*

Abbigliamento intimo

- il reggiseno   (bra)
- gli Slip donna o uomo   (slip underwear)
- i boxer (uomo)   (boxer shorts)
- il pigiama   (night pajamas)
- la camicia da notte   (nightgown)
- i calzini   (socks)
- le calze collant   (tights)

Nota (note)

Per i capi d'abbigliamento che presentano "due pezzi" usiamo spesso "**un paio di...**". (For garments with "two pieces" we often use "a pair of ...".)

- Un paio di calzini   (pair of socks)
- Un paio di guanti   (pair of gloves)
- Un paio di stivali   (pair of boots)

Unità di misura e dimensioni, perché sono così diverse? Confronto USA, UK, ITALIA *(Units of measurement and dimensions why are they so different?)*

La ragione principale della differenza tra le dimensioni americane (US), inglesi (UK) e italiane è da attribuire al fatto che si tratta di unità di misura completamente diverse. Per il calcolo si utilizzano Feet o Inch, mentre in Italia si misura in centimetri. Questo porta inevitabilmente ad avere diverse dimensioni per le scarpe e per l'abbigliamento. 1 Inch corrisponde a 2,54 cm. Tuttavia, questa conversione approssimativa induce spesso in errore.

(The main reason for the difference between the American (US), English (UK) and Italian dimensions is to be attributed to the fact that they are completely different units of

measurement. Feet or Inch are used for the calculation, while in Italy it is measured in centimeters. This inevitably leads to different sizes for shoes and clothing. 1 Inch corresponds to 2.54 cm. However, this approximate conversion often leads to error.)

Vocabolario: i colori (vocabulary: colours)

BLU	*(blue)*
BIANCO	*(white)*
GIALLO	*(yellow)*
VERDE	*(green)*
ROSA	*(pink)*
ROSSO	*(red)*
ARANCIONE	*(orange)*
CELESTE	*(heavenly color)*
GRIGIO	*(grey)*
NERO	*(black)*
MARRONE	*(brown)*
VIOLA	*(purple)*

Nota *(note)*

Alcuni colori possono declinarsi in genere e numero, altri solo in numero ed altri ancora sono invariabili. (*Some colors are declined in both gender and number, others only in the number and others still remain invariable*).

1) **BIANCO, NERO, ROSSO, GRIGIO, GIALLO** terminano in **–o** e variano in genere e numero *(BIANCO, NERO, ROSSO, GRIGIO, GIALLO finish in -o, vary both in genre and number)*

Esempio *(exemple)*:

il cappello bianco – la gonna gialla – i pantaloni grigi – le scarpe nere

(the white hat - the yellow skirt - the gray pants - the black shoes)

2) **VERDE, CELESTE ,ARANCIONE** e **MARRONE** terminano in **-e**, variano solo nel numero (VERDE, CELESTE ,ARANCIONE e MARRONE *finish for -e, they vary only by number*)

Esempio *(exemple)*:

il giubbotto arancione – la maglia verde – le scarpe celesti – le scarpe marroni

(the orange jacket - the green shirt - the light blue shoes - the brown shoes)

3) **ROSA, BLU** e **VIOLA** sono invariabili (ROSA, BLU and VIOLA *remain invariable*)

Esempio *(exemple)*:

il maglione blu – la gonna viola – i pantaloni rosa (the blue sweater - the purple skirt - the pink pants)

Grammatica: gli articoli
(grammar:articles)

Gli articoli non possono mai essere usati soli all'interno di una frase ma precedono **sempre i nomi a cui si riferiscono**, di cui prendono genere e numero.

Con un nome invariabile, la presenza degli articoli è fondamentale per distinguerne genere e numero.

(Articles can never be used alone within a sentence but always precede the names to which they refer, of which they take genre and number. With an invariable name, the presence of articles is fundamental to distinguish gender and number).

Sono tre le categorie di articoli in italiano (there are three categories of articles in Italian):

1. Articoli determinativi: si riferiscono a cose o persone già conosciute e menzionate. *(Determinative articles: refer to things or people already known and mentioned).*

LA articolo determinativo femminile singolare *(LA: singular feminine determinative article)*

La mela, la casa, la strada, la rosa ... (the apple, the house, the street, the rose ...)

Nota *(note):*

Useremo un apostrofo quando la vocale dell'articolo **LA** cade in presenza di un nome che inizia per vocale. *(We will use an apostrophe when the vowel of the article LA, falls in the presence of a name that begins with a vowel).*

L'insalata, l'indice, l'uva, l'esempio, l'albero ... (the salad, the index, the grape, the example, the tree ...)

Però se il nome inizia con ie-, la "a" dell'articolo non cade: la iena

(But if the word begins with ie-, the "a" of the article does not fall: the hyena)

IL / LO: Articolo determinativo maschile singolare *(IL / LO: Singular masculine determinative article)*

Normalmente si utilizza **IL** davanti ai nomi maschili che cominciano per consonante, tranne in alcuni casi in cui si utilizza LO. *(Generally, we use IL in front of masculine names that begin with a consonant (except for some "exceptions" in which LO is used)*

Il parco , il ristorante, il gatto ... *(The park, the restaurant, the cat ...)*

L'articolo **LO** si utilizza davanti ai nomi maschili che cominciano per *(The article LO in front of male names that begin with):*

   - vocale: l'uccello   *(vowel: the bird ...)*

   - y,x,z: lo yacth, lo zucchero...   *(the yacth, the sugar ...)*

   - s + consonante: lo spazzolino ...   *(the toothbrush ...)*

   - gn, ps, pn: lo gnomo, lo psicologo ... *(the gnome, the psychologist ...)*

LE: Articolo determinativo femminile plurale *(LE, Feminine definite plural article)*

le sedie, le mele, le case, le strade ... *(the chairs, the apples, the houses, the streets ...)*

Si utilizza anche davanti alle parole che iniziano per vocale:
le isole, le iene, le ali, le arie ... *(It is also used in front of words that begin by vowel: islands, hyenas, wings, airs ...)*

I / GLI : Articolo determinativo maschile plurale (GLI, Plural masculine determinative article)

Utilizziamo **I** negli stessi casi in cui al singolare avevamo **IL** *(We use I in the same cases in which in the singular we use IL):*

I parchi , i ristoranti, i gatti ... *(parks, restaurants, cats ...)*

Utilizziamo **GLI** negli stessi casi in cui al singolare avevamo **LO** *(We use GLI in the same cases in which in the singular we use LO):*

gli alberi, gli zuccheri, gli sport, gli psicologi ... *(trees, sugars, sports, psychologists ...)*

2. Articoli indeterminativi: si utilizzano quando cose o persone che non sono già state menzionate. *(Indefinite articles: they are used in reference to things or indeterminate persons, not known or not mentioned above.)*

UNA: Articolo indeterminativo femminile singolare *(UNA, Singular female indefinite article)*

una casa, una strada, una rosa ... *(a house, a street, a rose ...)*

L'articolo UNA perde la sua vocale finale e mettiamo l'apostrofo se la parola che segue inizia per vocale: un'isola, un'impresa ... *(The article UNA loses its final vowel and we put the apostrophe if the following word starts with vowel: an island, a business ...)*

UN / UNO Articolo indeterminativo maschile singolare

L'articolo **UN** si utilizza davanti a nomi maschili che iniziano per consonante o per vocale. *(The UN article precedes the masculine names that begin with a consonant).*

un gatto, un dipinto, un fiore, un albero ... *(a cat, a painting, a flower, a tree ...)*

in alcuni casi si utilizza l'articolo **UNO** quando il nome che segue inizia per *(The UNO article is used when the following name starts with)*:

- y,x,z: uno yogurt, uno zaino, uno xilofono ... *(y,x,z: a yogurt, a backpack, a xylophone...)*
- s + consonante: uno scoiattolo ... *(s + consonant: a squirrel)*
- gn, pn, ps: uno gnomo, uno psicologo ... *(gn, pn, ps: a gnome, a psychologist ...)*

non esiste il plurale degli articoli indeterminativi per questo utilizziamo il plurale degli articoli partitivi. *(The indefinite articles have no plural, so to express an indeterminate plural quantity we use the plural of the partitive articles.)*

3. Articoli partitivi: esprimono una parte del tutto. Si utilizzano con il valore di **"un po' di"** al singolare davanti ai nomi non numerabili, mentre al plurale sono utilizzati come plurale degli articoli indeterminativi ed indicano **alcuni/e**.

(express a part of the whole. They are used with the value of "a little bit" in the singular before uncountable names, while in the plural they are used as plural of indefinite articles and indicate some)

DELLA: Articolo partitivo femminile singolare *(Singular female partitive article)*

della crema, della marmellata, della pasta (nomi non numerabili) *(a bit of cream, jam, pasta (uncountable names))*

DEL/ DELLO Articolo partitivo maschile singolare *(Singular male partitive article)*:

del pane, del formaggio, del riso (nomi non numerabili) *(a bit of bread, cheese, rice (uncountable names))* dello zucchero, dello stufato, dell'amido, del basilico (nomi non numerabili) *(a bit of sugar, stew, starch, basil (uncountable names))*

DELLE: Articolo partitivo femminile plurale *(Plural female partitive article)*

delle case, delle strade, delle rose, delle isole ... *(some houses, roads, roses, islands ...)*

DEI/ DEGLI: Articolo partitivo maschile plurale *(male plural partitive article)*

dei cani, dei libri (plurale di UN, utilizzato negli stessi casi in cui usiamo IL)
(some dogs, paintings (plural of UN, used in the same cases in which we use IL, UN))
degli alberi, degli sport (plurale di UNO, utilizzato negli stessi casi in cui usiamo LO) *(some trees, sports (plural of UNO, used in the same cases in which we use LO)*

USI PARTICOLARI DEGLI ARTICOLI (article particolar uses)

- Se non sono introdotti da un nome comune, i nomi propri di persona o cognomi non vogliono l'articolo *(If they are not introduced by a common name, the proper names of persons or surnames do not want the article)*:

  no davanti a: Anna / Bianchi *(no in front of: Anna / Bianchi)*

  si davanti a: la signora Anna / il signor Bianchi / il poeta Leopardi/ il professor Leonardi. *(yes in front of: Mrs Anna / Mr Bianchi / the poet Leopardi / Professor Leonardi).*

- Possono precedere i cognomi per indicare un'intera famiglia (i Bianchi / i Rossi ...) *(They must be placed before surnames to indicate an entire family (i Bianchi / i Rossi ...)*
- Davanti al singolare dei nomi dei membri di una famiglia, se preceduti da aggettivo possessivo, non bisogna utilizzare l'articolo. <u>Scorretto dire</u>: la mia madre / il mio padre però è giusto dire "il loro cugino". *(They should not be placed in front of family members in the singular if preceded by a possessive adjective. No in front of: my sister / my father but it is right to say "il their cousin").*
- Possono essere utilizzati se i nomi di famiglia sono al plurale o preceduti da un aggettivo: i miei nonni / il mio caro zio *(They should be placed if the family names are plural or are preceded by an adjective: "i" my cousins / "il" my dear father)*
- Essendo la h (acca) muta in italiano, davanti a nomi che iniziano per h, l'articolo si apostrofa come se ci fosse solo la vocale: l'hamburger, l'hotel *(In Italian, the h is silent, therefore the article is addressed as if there were the vowel: the hamburger, the hotel)*
- Devono essere utilizzati davanti ai nomi propri di laghi, mari, oceani, continenti, nazioni, stati, etc: l' Arno, il Mediterraneo, l'America, la Germania, la Sardegna, il Piemonte ... *(They should be used in front of geographical names (rivers, lakes, seas, oceans, continents, states, islands, regions): the Po, the Mediterranean, America, Germany, Sardinia ...)*
- Non vanno utilizzati davanti ai nomi delle città: no la Torino, no la Napoli *(They should not be used in front of city names: no Florence, no Milan)*
- Davanti a nomi stranieri si utilizza l'articolo in base alla pronuncia: il business / il jazz / lo yacht. *(In front of foreign names the article is used based on pronunciation, respecting the rules valid for Italian: the show / jazz / the yacht.)*

Grammatica: genere Maschile e genere Femminile *(grammar: male and feminine)*

MASCHILE e FEMMINILE, i due generi italiani.

Se per gli esseri animati, il genere è dato dal loro sesso, per le cose inanimate il genere è convenzionale.

Spesso i nomi che finiscono in **-a** sono femminili invece quelli che finiscono in **-o** sono maschili, questa regola generale però non è sempre valida.

(MALE and FEMININE, the two Italian genres. If for animate beings, gender is given by their sex, for inanimate things the genus is conventional. Often the names that end in -a are feminine instead those that end in -o are masculine, this general rule is not always valid)

Esempio (example)

- Nomi maschili in **-a**: il problema, il teorema, il sistema ... *(Male names in -a: the problem, the theorem, the system ...)*
- Nomi femminili in **-o**: la mano, l'eco, la auto ... *(Female names in -o: the hand, the echo, the car ...)*
- Nomi che terminano per consonante: il bar, lo sport, l' email ... *(Names ending by consonant: bar, sport, email ...)*

Spesso sono **femminili** i nomi *(often are feminine nouns):*

- di città, isole, regioni, stati, continenti: Firenze è stupenda, la Sicilia, la Spagna, la Toscana, l'Africa ... *(of cities, islands, regions, states, continents: Florence is wonderful, Sicily, Spain, Tuscany, Africa ...)*
- di frutti: l'arancia, la banana, la fragola, la pera ... *(of fruits: orange, banana, strawberry, pear ...)*

- di discipline: la medicina, la fisica, la psicologia, la ginnastica ... *(di discipline: la medicina, la fisica, la psicologia, la ginnastica ...)*

Spesso sono **maschili** i nomi *(often are masculine names)*:

- di mesi e giorni: un lungo maggio, un bel venerdì, un soleggiato settembre *(of months and days: a long May, a nice Friday, a sunny September)*
- di alberi: il melo, il lauro, il mandorlo, l'abete ... *(of trees: apple, laurel, almond, fir ...)*
- di metalli ed elementi chimici: il piombo, il ferro, il carbonio, l' oro ... *(of metals and chemical elements: lead, iron, carbon, gold ...)*
- di mari, monti, laghi, fiumi: L'Arno, il Lago di Como, L'Atlantico, il Tirreno, il Po'. *(of seas, mountains, lakes, rivers: the Arno, Lake Como, the Atlantic, the Tyrrhenian Sea, the Po ')*.

Grammatica: dal maschile al femminile
(grammar: masculine to feminine)

Sostituzione della finale maschile con la desinenza **–a**: il postino, la postina / il gatto, la gatta. *(Replacement of the male final with the ending -a: the postman/ the cat)*

Esistono però diverse varianti (*However, there are several variations*):

Suffisso –essa femminile (Suffix –a female)

Esempio *(example)*:

Conte >> Contessa	*(count – countess)*
Barone >> Baronessa	*(baron – baroness)*
Professore >> Professoressa	(teacher)
Leone >> Leonessa	(lion – lioness)
Studente >> Studentessa	(student)
Dottore >> Dottoressa	(doctor)
Poeta >> Poetessa	(poet – poetess)
Principe >> Principessa	(prince – princess)

Spesso i nomi in **-tore** hanno il femminile in **–trice** *(Often the names in -tore have the feminine in –trice)*

Esempio *(example)*:

Ricercatore >> Ricercatrice	(researcher)
Imprenditore >> Imprenditrice	(Businessman– Businesswoman)
Istruttore >> Istruttrice	(instructor)
Nuotatore >> Nuotatrice	(swimmer)
Traduttore >> Traduttrice	(translator)

Suffisso in –ina femminile *(Suffix in –ina female)*

Esempio *(example)*:

Eroe >> Eroina	*(hero – heroine)*
Gallo >> Gallina	*(roster- chicken)*
Re >> Regina	*(king – queen)*

Invariabili *(invariable)*

Vi sono anche nomi che non variano per genere, in questi casi articoli e aggettivi hanno ruolo determinante per definire se si sta parlando di genere femminile o maschile. *(There are also names that do not vary by gender, in these cases articles and adjectives have a decisive role in defining whether we are talking about a female or male gender)*:

Esempio *(example)*:

Il/la dentista, il/la giornalista, il/la turista, il/la giudice ... *(The dentist, the journalist, the tourist, the judge ...)*

Infine, esistono **nomi irregolari** che al femminile cambiano completamente *(Finally, there are irregular names that change completely in women)*:

Fratello >> Sorella	*(brother – sister)*
Uomo >> Donna	*(woman – man)*
Marito >> Moglie	*(wife – husband)*
Maschio >> Femmina	*(male – famale)*
Padre >> Madre	*(mother – father)*

Grammatica: Singolare e Plurale
(grammar: singular and plural)

Il **plurale di un nome** indica il passaggio da uno a più di uno. Si forma **cambiando la desinenza** del nome singolare, cioè l'elemento variabile che si trova alla fine di ogni parola e che indica genere e numero.

(The plural of a name indicates the passage from one to more than one. It is formed by changing the ending of the singular name, that is, the variable element which is found at the end of each word and which indicates gender and number).

I nomi si suddividono in 3 classi considerando la desinenza del singolare *(names are divided into 3 classes considering the singular ending) :*

PRIMA CLASSE: desinenza in **-a**, maschili e femminili. *(FIRST CLASS: ending in -a, masculine and feminine).*

- hanno il plurale maschile in **-i**: il surfista, i surfisti *(have the masculine plural in -i: the surfer, the surfers)*
- hanno il plurale femminile in **-e**: la cascata, le cascate *(they have the feminine plural in -e: the waterfall, the falls)*

SECONDA CLASSE: desinenza in **-e**, maschili e femminili. *(SECOND CLASS: ending in -e, masculine and feminine).*

- hanno il plurale maschile in **-i**: il colore, i colori *(have the masculine plural in -i: the color, the colors)*
- hanno il plurale femminile in **-i**: la madre, le madri *(they have the feminine plural in -i: the mother, the mothers)*

TERZA CLASSE: desinenza in **-o**, maschili e femminili. *(THIRD CLASS: ending in -o, masculine and feminine.)*

- hanno il plurale maschile in **-i**: il libro, i libri *(have the masculine plural in -i: the book, the books)*

Esistono poi altre forme di plurale che seguono linee proprie (*then there are other forms of plural that follow their own lines*):

1) **desinenza in –ga/-ca** (*ending in –ga / -ca*)
   - barca , femminile singolare >> barche, femminile plurale *(boat, feminine singular >> boats, feminine plural)*
   - maga, femminile singolare>> maghe, femminile plurale *(sorceress, feminine singular >> sorceresses, feminine plural)*

2) **Desinenza in –gia/-cia** (*ending in –gia / -cia*)
   - Marcia, femminile singolare>> marcia, femminile plurale *(march, feminine singular >> march, feminine plural)*
   - Bilancia, femminile singolare>>bilance, femminile plurale *(Balance, feminine singular >> scales, feminine plural)*
   - Pioggia, femminile singolare>>piogge, femminile plurale *(Pioggia, femminile singolare>>piogge, femminile plurale)*

3) **Desinenza in –scia** (*ending in –scia*)
   Ascia, femminile singolare>> asce, femminile plurale *(Ax, feminine singular >> ax, feminine plural)*

4) **Desinenza in –go/-co** (*ending in –go/-co*)
   - Parco, maschile singolare>> parchi, maschile plurale *(Park, masculine singular >> parks, plural masculine)*
   - Mago, maschile singolare>>maghi, maschile plurale *(Magician, masculine singular >> magicians, plural masculine)*

5) **Desinenza in –io** (*ending in -io*)
   Armadio, maschile singolare>> armadi, maschile plurale *(Wardrobe, masculine singular >> wardrobes, plural masculine)*

PLURALE IRREGOLARE (IRREGULAR PLURAL)

Sono maschili al singolare ma diventano femminili al plurale (*They are masculine in the singular but become feminine in the plural*):

- centinaio – centinaia (*hundred – hundreds*)
- migliaio – migliaia (*thousand – thousands*)
- miglio – miglia (*mile – miles*)
- paio – paia (*pair*)
- riso – risa (*laughter*)
- uovo – uova (*egg – eggs*)
- braccio – braccia (*arm – arms*)
- sopracciglio - sopracciglia (*eyeborw – eyeborws*)
- dito – dita (*finger – fingers*)
- ginocchio - ginocchia (*knee – knees*)
- labbro – labbra (*lip – lips*)
- osso – ossa (*bone – bones*)

Cambiano quasi completamente le parole dal singolare al plurale (*Words almost completely change from the singular to the plural*):

- bue - buoi (*ox – oxen*)
- dio - dèi (*god – gods*)
- uomo - uomini (*man - men*)
- ampio - ampi (*wide – wide*)
- tempio – templi (*temple – temples*)
- mio – miei (*my – mine*)
- tuo – tuoi (*your – yours*)
- suo – suoi (*his*)
- mano – mani (*hand – hands*)
- ala – ali (*wing – wings*)
- arma – armi (*weapon – weapons*)

Esistono poi **NOMI INVARIABILI AL NUMERO** dove l'articolo in questi casi definisce il singolare o il plurale

(Furthermore, there are NAMES with INVARIABLE NUMBER where the article in these cases defines singular or plural):

- la siccità - le siccità   *(drought – droughts)*
- la cisti - le cisti   *(cyst – cysts)*
- il sosia - i sosia   *(double)*
- la carie - le carie   *(caries)*
- la foto(grafia) - le foto   *(picture – pictures)*
- la metro (politana) - le metro   *(metro)*
- il computer – i computer   *(computer)*

I **NOMI DIFETTIVI**, hanno solo il singolare o solo il plurale *(DEFECTIVE NAMES, have only the singular or only the plural.)*

Hanno solo il singolare (singular only)

- il coraggio, la fame, la gloria ... (courage, hunger, glory ...)
- la pazienza, la generosità, l'odio, la gioia ... (patience, generosity, hatred, joy ...)
- la fisica, l'azoto, la matematica, la giurisprudenza ... (physics, nitrogen, mathematics, jurisprudence ...)

Hanno solo il plurale (plural only)

- le forbici, i pantaloni, le stoviglie ... (scissors, trousers, dishes ...)

Grammatica: gli Aggettivi
(Grammar:adjectives)

Gli aggettivi in italiano si suddividono in classi a seconda del valore che conferiscono al nome a cui si *riferiscono (Italian adjectives are subdivided into classes according to the value they confer on the name)*

- Qualificativi   (qualifying)
- Possessivi   (Possessive)
- Dimostrativi   (Demonstrative)
- Indefiniti   (Indefinite)
- Numerali   (Numerals)
- Interrogativi   (interrogative)
- Esclamativi   (exclamatory)

In questa unità iniziamo a conoscere gli aggettivi qualificativi utilizzati tantissimo in italiano. Parleremo poi degli esclamativi e degli interrogativi lasciando ad unità a parte i possessivi e a successive unità più complesse,le altre tipologie di aggettivi.

(In this unit we begin to know the qualifying adjectives used a lot in Italian. We will then talk about exclamation and questions, leaving the other types of adjectives to more complex units).

AGGETTIVI QUALIFICATIVI (qualifying adjectives)

Proprio gli aggettivi qualificativi rendono spesso l' Italiano, la lingua tanto musicale e ricca di poesia. L'aggettivo esprime una qualità o una caratteristica del nome a cui si riferisce e concorda per genere e numero.

(Precisely the qualifying adjectives often make the Italian language so musical and rich in poetry. The adjective expresses a quality or a characteristic of the name to which it refers and agrees by gender and number.)

Esistono dei **gradi degli aggettivi qualificativi**
>>descrivono il nome, lo comparano ad altro nome, lo

relativizzano *(There are degrees of qualifying adjectives >> describe the name, compare it to another name, relativize it)*:

- grado positivo >> grande (normal grade >> big)
- grado comparativo (di maggioranza, di uguaglianza, di minoranza) >>più grande di, grande come, meno grande di *(comparative degree (of majority, of equality, of minority) >> bigger than, as big, less big than)*
- superlativo relativo >> il più grande (superlative relative >> biggest)
- superlativo assoluto >> grandissimo (absolute superlative >> the biggest)

Gli aggettivi concordano in genere e numero con i nomi a cui si riferiscono *(The adjectives agree in general and number with the names to which they refer)*.

	Singolare	Plurale
maschile in -o	un cantante famos**o**	dei cantanti famos**i**
femminile in -a	una cantante famos**a**	delle cantanti famos**e**
maschile in -e	un lunedì rilassant**e**	dei lunedì rilassant**i**
femminile in -e	una dottoressa gentil**e**	delle dottoresse gentil**i**

Aggetivi in –o maschili e femminili

- Bello, Bella, Belli, Belle   (beautiful)
- Carino, Carina, Carini, Carine   (nice)
- Buono, Buona, Buoni, Buone   (nice)
- Bravo, Brava, Bravi, Brave   (good)
- Brutto, Brutta, Brutti, brutte   (bad)
- Simpatico, Simatica, Simpatici, Simpatiche   (bonnie)

- Antipatico, Antipatica, Antipatici, Antipatiche (unpleasant)
- Piccolo, Piccola, Piccoli, Piccole   (little)
- Solo, Sola, Soli, Sole   (alone)
- Alto, Alta, Alti, Alte   (tall)
- Basso, Bassa, Bassi, Basse   (low)
- Povero, povera, poveri, povere   (poor)
- Fortunato, fortunata, fortunatì, fortunate   (lucky)
- Duro, dura, duri, dure   (hard)
- Impegnato, impegnata, impegnati, impegnate   (Engaged)
- Imprevisto, imprevista, imprevisti, impreviste (unforeseen)
- Ricco, ricca, ricchi, ricche   (rich)

Aggetivi in –e maschili e femminili

- Intelligente, intelligenti   (smart)
- Importante, importanti   (important)
- Gentile, gantili   (kind)
- Grande, grandi   (big)
- Triste, tristi   (sad)
- Felice, felici   (happy)
- Semplice, semplici   (simple)

CONCORDANZA DEGLI AGGETTIVI *(concordance of adjectives)*

L'aggettivo concordando sempre con il nome a cui si riferisce e agisce in seguenti modi davanti a questi casi *(The adjective always agreeing with the name to which it refers and acts in the following ways in front of these cases):*

1) Se i nomi hanno **stesso genere**, allora l'aggettivo mantiene quel genere e prende il **numero plurale** *(The adjectives that agree with the name to which it refers and acts in the following ways):*

Esempio *(example):*

- La maglia e la giacca sono colorate *(The shirt and jacket are colored)*
- Il cane e il gatto di Lucia sono tenerissimi. *(Lucia's dog and cat are very tender.)*

2) Invece, se i nomi hanno **generi differenti**, allora gli aggettivi prendono il **numero maschile plurale** *(Instead, if the names have different genres, then the adjectives take the masculine plural number)*

Esempioi (example):

- Antonio e Carlotta sono simpatici *(Antonio and Carlotta are nice)*
- L' orchidea e il tulipano sono profumati *(The orchid and the tulip are scented)*

rosa – blu – viola non si declinano *(pink - blue – purple colors do not decline)*

- il maglione rosa   *(pink sweater)*
- la felpa blu   *(blue sweatshirt)*
- le scarpe viola   *(purple shoes)*

POSIZIONE DELL'AGGETTIVO *(position of the adjective)*

A differenza di altre lingue, in italiano
la **posizione** dell'aggettivo **non è fissa**, però la possibilità di posizionarsi prima o dopo il nome a cui si riferisce determina un cambiamento di significato. *(Unlike other languages, in Italian the adjective position is not fixed, but the possibility of positioning oneself before or after the name determines a change of meaning.)*

Esempio *(example)*:

- un **compagno vecchio** è un compagno anziano, mentre un **vecchio compagno** è un compagno che conosco da molto tempo, e non per forza è anziano *(an old comrade is an elderly comrade, while an old companion is a companion I have known for a long time, and he is not necessarily old)*

- un **buon professore** è un professore che sa insegnare bene, ben preparato, ma non necessariamente è anche un **professore buono**, cioè gentile e premuroso con i suoi alunni. *(a good professor is a professor who knows how to teach well, well prepared, but he is not necessarily also a **professore buono**, that is gentle and caring with his students.)*
- un **pover'uomo** è un uomo sfortunato a cui può essere successa una disgrazia, mentre un **uomo povero** è un uomo che vive in povertà di denari. *(a poor man is an unfortunate man who may have suffered a misfortune, while an **uomo povero** is a man who lives in poverty with money.)*

Esistono anche aggettivi che vanno sempre dopo il nome, quelli che descrivono *(There are also adjectives that always go after the name, those that describe it)*

- **la nazionalità**: *la capitale inglese (nationality: the English capital)*
- **l'appartenenza a una categoria**: *un attore comico (belonging to a category: a commedia)*
- **luogo e posizione**: *la gamba destra (place and position: the right leg)*
- **colore, forma, materia**: *una rosa gialla, un tavolo rotondo (color, shape, material: a yellow rose, a round table)*

AGGETTIVI INTERROGATIVI *(questional adjectives)*

Consentono di fare una **domanda** circa qualità, quantità o identità del nome a cui si riferiscono *(They allow you to ask about the quality, quantity or identity of the name to which they refer.)*

AGGETTIVI ESCLAMATIVI *(exclamative adjectives)*

Consentono di fare un'**esclamazione** circa qualità, quantità o identità del nome a cui si riferiscono. *(Allow to exclaim about the quality, quantity or identity of the name to which they refer.)*

Sono 3 e si utilizzano sia per domande che per esclamazioni (They are 3 and are used both for questions and for exclamations):

CHE, utilizzato per femminile e maschile, singolare e plurale è utilizzato per fare domande ed esclamazioni circa l'identità del nome. *(CHE, used for feminine and masculine, singular and plural is used to ask questions and exclamations about the identity of the name.)*

QUALE, maschile femminile singolare e QUALI maschile e femminile plurale sono utilizzati per fare domande ed esclamazioni *circa la qualità* del nome. *(QUALE, singular feminine masculine and QUALI masculine and feminine plural are used to ask questions and exclamations about the quality of the name.)*

QUANTO, QUANTA; QUANTI; QUANTE sono utilizzati per fare domande ed esclamazioni circa le quantità del nome. *(QUANTO, QUANTA; QUANTI; QUANTE they are used to ask questions and exclamations about the quantities of the name.)*

Struttura nelle frasi interrogative *(Structure in interrogative sentences)*

Domande dirette, che terminano con il punto interrogativo "?" *(Direct questions, ending with the question mark "?")*

A **che** ora inizia lo spettacolo?   *(What time does the show start?)*

Quale classe frequenta Anna?   *(What class does Anna attend?)*

Domande indirette, senza punto interrogativo ma che presuppongono un risposta in maniera implicita. *(Indirect questions, without question marks but which imply an implicit answer.)*

Vorrei sapere a **che** ora inizia lo spettacolo.   *(I would like to know what time the show starts.)*

Vorrei sapere **quale** classe frequenta Anna.   *(I would like to know which class Anna is attending.)*

Struttura nelle frasi esclamative. *(Structure in exclamatory sentences.)*

Si utilizzano gli aggettivi esclamativi nelle frasi che terminano con il punto esclamativo "!"   *(We use exclamatory adjectives in sentences that end with the exclamation point "!")*

Quanto sei sciocco!   *(How silly you are!)*

Che caldo qui! *(How hot here!)*

Grammatica: gli Aggettivi Possessivi
(grammar: possesive adjectives)

Gli aggettivi possessivi indicano a chi appartiene e/o da chi è posseduto ciò che è espresso dal nome cui si riferiscono.

(The possessive adjectives indicate to whom it belongs and / or who owns what is expressed by the name to which they refer.)

MASCHILE SINGOLARE	MASCHILE PLURALE	POSSESSIVE
Mio	Miei	My
Tuo	Tuoi	your
Suo	Suoi	His/its
Nostro	Nostri	our
Vostro	Vostri	your
Loro	Loro	their

FEMMINILE SINGOLARE	FEMMINILE PLURALE	
Mia	Mie	My
Tua	Tue	your
Sua	Sue	Her
Nostra	Nostre	our
Vostra	Vostre	your
Loro	Loro	their

Essi concordano in genere e numero col nome a cui si riferiscono e generalmente sono preceduti dall' articolo.

(They agree in gender and numbers with the name they refer to and are generally preceded by the article.)

Esempio *(example)*:

il mio nome   (my name)
la tua giacca   (your jacket)
il suo naso   (his nose)
le nostre amiche   (our friends)
i vostri giornali   (your newspaper)
le loro automobili   (their cars)

Con i **nomi di parentela al singolare** non si usa l'articolo davanti al possessivo:

Mio padre; tuo fratello; tua zia; mio nipote; ecc.

(With the names of kinship in the singular one does not use the article before the possessive: My father; your brother; your aunt; my nephew; etc.)

Mentre al plurale ci vuole l'articolo:

i tuoi fratelli; le tue zie; i miei nipoti; ecc.

(While the plural requires the article: your brothers; your aunts; my nephews; etc.)

I possessivi alla terza persona plurale "il loro, la loro..." prendono sempre l'articolo, anche al singolare:

Il loro padre; la loro cugina; i loro genitori; le loro sorelle.

(The possessive third person plural "their" always take the article, even in the singular:

Their father; their cousin; their parents; their sisters)

Grammatica: le preposizioni
(grammar: prepositions)

Le preposizioni in Italiano si dividono in preposizioni semplici e preposizioni articolate. In questa sede parleremo delle Preposizioni semplici, che indicanoun rapporto tra due sostantivi o nomi: di-a-da-in-con-su-per-tra-fra.   *(The prepositions in Italian are divided into simple prepositions and articulated prepositions. Here we will talk about the simple Prepositions, which indicate a relationship between two nouns or nouns:* di-a-da-in-con-su-per-tra-fra*).*

Preposizione DI *(preposition DI)*

Uso (use):

Possesso>> La penna è di Luca. *(possession>> Luca's pen)*

Materia >> Il muro è di mattoni. *(material>>the brick wall)*

Argomento >> Il corso è di italiano. *(topic>> Italian course)*

Modo o maniera >> Lucia va di corsa a scuola. *(way>> Lucia runs to school)*

Origine o provenienza >> Antonio è di Napoli. *(origin>> Antonio comes from Napoli)*

Preposizione A *(preposition A)*

Uso *(use):*

Stato in luogo >> oggi sono a casa.   *(in place >> today I am at home.)*

Moto a luogo >> Lunedì vado a Firenze con la scuola. *(to place >> Monday I go to Florence with the school)*

Termine (a chi?) >> Antonio consiglia un libro a Luca.
          (Term (to whom?) >> Antonio recommends a book to Luca.)

Tempo >> Andrea si sposa a Luglio. Maria arriva alle 5.
(Time >> Andrea gets married in July. Maria arrives at 5.)

Preposizione DA *(preposition DA)*

Uso *(use):*

Moto da luogo >> Sto tornando a casa da lavoro. *(from place >> I'm coming home from work.)*

Moto a luogo >> Martedì Rosa ha appuntamento dal parrucchiere *(to place >> Tuesday Rose has a hairdresser's appointment)*

Tempo (azione passata che si svolge ancora nel presente) >> Lucia vive in Italia da 10 anni. *(Time (past action still taking place in the present) >> Lucia has lived in Italy for 10 years.)*

Agente (chi compie l'azione nelle frasi passive) >> La palla è stata colpita da Lucia. *(Agent (who takes the action in passive sentences) >> The ball was hit by Lucia.)*

Fine (obiettivo per il quale la cosa esiste) >> Luigi ha comprato una nuova bici da corsa. *(End (objective for which the thing exists) >> Luigi has bought a new racing bike.)*

Preposizione IN *(preposition IN)*

Uso *(use):*

Stato in luogo >> Mamma mi aspetta in casa. *(in place>> Mom is waiting for me at home)*

Moto a luogo >> L'anno prossimo mi trasferisco in Olanda con mio figlio. *(to place >> Next year I move to the Netherlands with my son.)*

Mezzo >> Sara viaggia a Milano in aereo. *(medium >> Sara travels to Milan by plane.)*

Modo o Maniera>> Siamo rimasti in ottimi rapporti. *(way >> We have remained on excellent terms.)*

Preposizione CON *(preposition CON)*

Uso (use):

Compagnia >> Anna va al supermercato con Rosa
      (Company >> Anna goes to the supermarket with Rosa)

Mezzo o strumento >> Ha firmato con la penna rossa.
      (Medium or Tool >> He signed with the red pen.)

Preposizione SU *(preposition SU)*

Uso (use):

Posizione di qualcosa su altro >> Il gatto dorme sul divano.
      (Position of something on other >> The cat sleeps on the sofa.)

Argomento >> Alessandro ha scritto un libro sulla sua avventura. *(Topic >> Alessandro wrote a book about his adventure.)*

Preposizione PER *(preposition PER)*

Uso (use):

Moto per luogo (attraversare luoghi) >> Vado al Supermercato passando per Scuola. *(crossing places >> I go to the supermarket passing by school.)*

Durata di tempo >> Ha vissuto in Italia per 10 anni. *(Duration of time >> He lived in Italy for 10 years.)*

Causa >> Il centro commerciale si è allagato per il maltempo. *(Cause >> The mall was flooded due to bad weather.)*

Preposizioni FRA e TRA *(prepositions Fra and Tra)*

Uso (use):

Alternativa >> Sono indeciso tra un dolce al cioccolato o uno alla crema. *(choice >> I am torn between a chocolate or a cream dessert.)*

Relazione >> Fra Luca e Francesca c'è del tenero. *(Relationship >> Between Luca and Francesca there is some tender.)*

Futuro >> Fra 5 anni Lucia andrà in pensione. *(Future >> In 5 years Lucia will retire.)*

Posizione di qualcosa nel mezzo di altre >> La scuola di Marco è tra la l'ufficio postale e la palestra. *(Location of something in the middle of others >> Marco's school is between the post office and the gym.)*

Vocabolario: alcuni Verbi e dubbi sull'uso. *(vocabulary: verbs and doubts about use)*

Alcuni verbi in italiano suscitano moltissimi dubbi nell'uso per i non nativi, per questo in questa sede andiamo ad analizzare alcuni verbi che hanno significati simili ma che i parlanti italiani utilizzano con diverse accezioni. In italiano soprattutto l'uso figurato di molti verbi di azione rende l'utilizzo di verbi più difficile. Ne abbiamo selezionati alcuni molto utilizzati per poter dare una panoramica delle problematiche che potresti incontrare in questo percorso.

(Some verbs in Italian raise many doubts in the use for non-natives, for this reason we are going to analyze some verbs that have similar meanings but that Italian speakers use with different meanings. In Italian above all the figurative use of many verbs of action makes the use of verbs more difficult. We have selected some very used ones in order to give an overview of the problems that you might encounter in this process.)

RIUSCIRE e POTERE
(to succes/ to power)

I verbi RIUSCIRE e POTERE utilizzati spesso come sinonimi, indicano la capacità di fare o meno qualcosa. Hanno però diverse accezioni. *(The verbs RIUSCIRE and POTERE often used as synonyms, indicate the ability to do something or not. However, they have different meanings).*

RIUSCIRE indica che la capacità di fare qualcosa o meno che dipende strettamente dal soggetto e dalle proprie capacità fisiche o intellettuali *(RIUSCIRE indicates that the ability to do something or not depends strictly on the subject and on his own physical or intellectual abilities).*

Esempio (example)

- Luigi non riesce a capire il tedesco (causa interna) *(Luigi can't understand German (internal cause))*
- Antonio è riuscito a terminare il libro in soli 2 giorni (forza interna) *(Antonio managed to finish the book in just 2 days (internal force))*

POTERE indica che la capacità di fare qualcosa ma la sua accezione è soprattutto legata alle circostanze esterne che ne permettano o meno la realizzazione. *(POTERE it is the ability to do something, but its meaning is linked to external circumstances that allow it to be carried out or not.)*

Esempio (example)

- Domani non possiamo andare in gita perché piove (causa esterna). *(Tomorrow we can't go on excursion because it rains (external cause)).*
- Giovedì Marco non può uscire perche deve cenare con gli zii (causa esterna) *(Thursday Marco cannot leave because he will dine with his uncles (external cause)).*

Nella struttura della frase *(sentence structure)*

POTERE + INFINITO >> Luca può contare sui suoi genitori. *(POTERE + INFINITIVE >> Luca can count on his parents).*

RIUSCIRE + A + INFINITO >> Francesco riesce a mangiare 5 pizze da solo. *(RIUSCIRE + A + INFINITIVE >> Francesco can eat 5 pizzas alone).*

SAPERE e CONOSCERE
(to know/ to meet)

In italiano i verbi **SAPERE e CONOSCERE** vengono spesso utilizzati come sinonimi però hanno due accezioni ed usi differenti *(In Italian the verbs SAPERE and CONOSCERE are often used as synonyms but have two different meanings and uses)*:

SAPERE indica il bagaglio di nozioni che abbiamo imparato per fare qualcosa. Ad esempio attraverso un corso o praticando l'attività. *(SAPERE indicates the wealth of knowledge we have learned to do something. For example through a course or practicing the activity).*

Nella struttura della frase *(sentence structure)*

SAPERE + INFINITO *(SAPERE + INFINITIVE)*

- Non so parlare lo spagnolo (non ho imparato a farlo) *(I can't speak Spanish (I haven't learned to do it))*
- Lucia sa ballare (si intende che ha imparato a farlo con un corso o esercitandosi nel ballo) *(Lucia knows how to dance (we mean she has learned to do it with a course or practicing dance))*

CONOSCERE oltre all'accezione di sapere (Francesco conosce l'inglese), descrive soprattutto la relazione tra il soggetto ed un'altra persona con la quale ha istaurato un qualche tipo di rapporto (di lavoro, di amicizia, di sola conoscenza ...) *(CONOSCERE in addition to the meaning of knowledge (Francesco knows English), he describes above all the relationship between the subject and another person with whom he has established some kind of relationship (work, friendship, knowledge only ...)).*

Nella struttura della frase *(sentence structure)*

CONOSCERE + nome che indica qualcosa o qualcuno.
(CONOSCERE + name that indicates something or someone)

- La scorsa settimana ho conosciuta la fidanzata di mio fratello (me la hanno presentata, ho istaurato con lei un rapporto di conoscenza) *(Last week I met my brother's girlfriend (they introduced her to me, I set up a relationship with her))*
- Conosco Andrea ormai da 15 anni. (ho una relazione di amicizia o conoscenza con lui) *(I've known Andrea for 15 years. (I have a friendship or acquaintance relationship with him))*
- Non conosciamo il nuovo professore di matematica (ancora non abbiamo avuto modo di vederlo e conoscerlo) *(We don't know the new math teacher (we still haven't had a chance to and meet him))*

Esistono però altre accezioni dei due verbi che potrebbero destare alcune confusioni (However, there are other meanings of the two verbs that could cause some confusion).

SAPERE spesso indica una conoscenza parziale molto più vicina al significato del verbo italiano CREDERE, indica qualcosa che sappiamo per caso o sentito dire. (Often indicates a partial knowledge much closer to the meaning of the Italian verb CREDERE, indicates something that we know by chance or heard.)

Esempio (example):

- So che Lucia oggi si vede con Carlo (lo so perché lo ho sentito per caso, non ne sono sicuro ...) *(I know that Lucia meets Carlo today (I know because I heard him by chance, I'm not sure ...))*

CONOSCERE invece indica una conoscenza molto approfondita, un argomento che abbiamo studiato molto e di cui abbiamo padronanza. *(CONOSCERE instead indicates a very thorough knowledge, a topic that we have studied a lot and we have mastered.)*

Esempio (example):

- Conosco *a memoria tutte le sue canzoni (le ho ascoltate e riascoltate) (I know all his songs by heart (I listened and listened them))*

BISOGNARE e NECESSITARE
(to need)

In italiano, il verbo **bisognare** si può usare solo alla terza persona singolare del presente indicativo. Non possiamo dire "Io bisogno aiuto", però possiamo utilizzare il verbo necessitare: Io necessito aiuto. *(In Italian, the verb BISOGNARE to be used only in the third person singular of the present indicative. We can't say I BISOGNO help, but we can use the verb NECESSITO. I NECESSITO help.)*

Il verbo **BISOGNARE** ha **due forme** principali *(the verb BISOGNARE has two main forms):*

1. senso generale **BISOGNA + infinito** >> Per cambiare le cose bisogna cambiare mentalità *(general sense NEED + infinitive >> To change things we need to change mentality)*

2. senso particolare **BISOGNA CHE + congiuntivo** >> *Se non riesci a passare l'esame, bisogna che tu ti impegni di più ! (special sense BISOGNA CHE + subjunctive >> If you can't pass the exam, you need to work harder!)*

Bisognare però si utilizza spesso nei tempi composti con il suo ausiliare avere. *(BISOGNARE is often used in compound times with its auxiliary AVERE)*

- Ho bisogno di cambiare aria *(I need a change of air)*
- Mario e Andrea hanno bisogno di aiuto per terminare i loro compiti. *(Mario and Andrea need help to finish their homework).*
- Lucia aveva bisogno di un passaggio per arrivare a scuola. *(Lucia needed a ride to get to school.)*

ANDARE e VENIRE
(to come/to go)

Tra i verbi che destano un poco di confusione tra chi sta iniziando ad apprendere la lingua italiana sicuramente ci sono **ANDARE** e **VENIRE**.

. *(Among the verbs that cause a little confusion among those who are beginning to learn the Italian language there are surely ANDARE and VENIRE >> go and came).*

ANDARE e **VENIRE** indicano uno **spostamento** *(ANDARE and VENIRE indicate a shift).*

ANDARE significa **spostarsi verso un luogo o una persona** e normalmente ci si riferisce ad un luogo **lontano dai parlanti** *(ANDARE means moving to a place or a person and normally referring to a place far from the speakers)*

Esempio (example):

- Vado al cinema questa sera, vuoi venire con me? - No grazie vado a cena a casa di Anna. *(I'm going to the movies tonight, do you want to come with me? - No thanks, I'm going to dinner at Anna's house.)*

VENIRE significa **spostarsi nel luogo in cui si trova o dove va la persona con cui si parla o la persona che** parla *(VENIRE means moving to the place where you are or where the person you are talking to or the person speaking)*

Esempio (example):

- vieni a prendermi domani alla stazione?
- si certo vengo a prenderti con la moto di mio fratello.

(come and get me tomorrow at the station? Yes, I come to get you with my brother's motorbike.

IL **verbo VENIRE** + **DA** indicano anche **provenienza** da un luogo. *(The verb VENIRE + DA indicates provenance from a place.)*

- Vengo da casa di corsa (luogo reale). *(I come running from home (real place))*
- vengo da Firenze (utilizzato per dire che le mie origini sono di Firenze, magari sono nato e cresciuto in quella città ma non per questo in questo momento sono venuta da lì) *(I come from Florence (used to say that my origins are from Florence, maybe I was born and raised in that city but not for this moment I came from there))*

FERMARE e SMETTERE *(to stop)*

Sono verbi entrambi associati all'idea del bloccare. Anche se spesso utilizzati come sinonimi hanno delle particolari accezioni che causano problemini di comprensione in differenti casi. *(Both verbs are associated with the idea of blocking. Although often used as synonyms, they have particular meanings that cause problems of understanding in different cases.)*

FERMARE ha la accezione di bloccare fisicamente qualcosa o qualcuno in movimento. *(FERMARE >>STOP has the meaning of physically blocking something or someone in motion.)*

Esempio *(example)*:

- L'arbitro ha fermato il gioco.(ha fisicamente bloccato con fischietto il gioco)   *(The referee stopped the game (he physically blocked the game with a whistle))*
- Antonio ha fermato Carlotta per chiarirsi.(la ha fisicamente bloccata mentre magari lei stava camminando) *(Antonio stopped Carlotta to clarify himself (he physically blocked her while maybe she was walking))*

Oltre ad essere interrotto dagli altri, il movimento può essere anche interrotto dal soggetto stesso. In questo caso si usa il riflessivo **FERMARSI**. *(In addition to being interrupted by others, the movement can also be interrupted by the subject itself. In this case the reflexive FERMARSI is used.)*

Esempio (example):

- Luca si è fermato sulla collina per riprendere fiato. *(Luca stopped on the hill to catch his breath.)*

SMETTERE invece viene spesso utilizzato con l'accezione di interrompere una attività per sempre o temporaneamente.

(SMETTERE instead is often used with the meaning of interrupting an activity forever or temporarily.)

Forma nella struttura della frase *(sentence structure):*
SMETTERE DI + verbo all'infinito *(infinitive)*
Esempio (example):

- Devo smettere di fumare. *(I have to stop smoking)*
- Luigi a smesso di giocare a calcio da 5 anni. *(Luigi has stopped playing football for 5 years)*

SENTIRE e ASCOLTARE
(to hear/ to listen/ to feel)

Sono verbi entrambi associati all'udito. *(Both verbs are associated with hearing.)*

SENTIRE significa avvertire in maniera casuale e superficiale un suono. (SENTIRE means listening to a sound in a random and superficial way.)

Esempio (example):

- Prendi l'ombrello prima di uscire! Ho sentito il rumore della pioggia. *(Grab your umbrella before you go out! I heard the sound of rain.)*

Spesso utilizziamo questo verbo anche per riportare delle voci, notizie non confermate. *(We often use this verb also to report rumors, unconfirmed news.)*

Esempio (example):

- Ho sentito che tra Luca e Anna c'è del tenero. *(I heard that between Luca and Anna there is a tender one.)*

Nota (note)

Il verbo **SENTIRE** in italiano è utilizzato anche per (The verb SENTIRE in Italian is also used for):

- Tatto >> Senti quanto è morbido questo maglione. *(Touch >> Feel how soft this sweater is.)*
- Olfatto>>Che hai preparato per cena? Sento un profumino! *(Smell >> What have you prepared for dinner? I smell a perfume!)*
- Gusto >> Senti se ho messo il sale nella pasta! Non me ne ricordo. *(Taste >> taste if I put salt in the dough! I don't remember.)*

- Sentimenti, Emozioni e stati >> Sento troppo caldo in questa stanza. *(Feelings, emotions and states >> I feel too hot in this room.)*

Nella forma riflessiva SENTIRSI, esprime lo stato fisico o psichico del soggetto *(In the reflexive form SENTIRSI, expresses the physical or psychic state of the subject)*:

- Maria finalmente si sente bene e può uscire a giocare. *(Maria finally feels good and can go out and play.)*
- Anna oggi non andrà a scuola, si sente male. *(Anna will not go to school today, she feels bad.)*
- Dopo una giornata di lavoro mi sento a pezzi. *(After a day of work I feel in pieces.)*
- Giovanni si sente in colpa per aver perso il libro di Lucia. *(Giovanni feels guilty for losing Lucia's book.)*
- Rosa si sente a disagio con quel vestito corto. *(Rosa feels uncomfortable with that short dress.)*

ASCOLTARE viene utilizzato con una accezione più consapevole del sentire, con più attenzione e con un fine differente. *(ASCOLTARE>>LISTENING is used with a more conscious sense of feeling, with more attention and with a different purpose.)*

- Ho ascoltato tutto il tuo racconto, ora trarrò le mie conclusioni. *(I listened to all your story, now I'll draw my conclusions.)*
- Gli studenti ascoltano interessati la lezione del professore. *(Students listen to the professor's lesson.)*
- Sono una fan degli U2, ho ascoltato tutti i loro album. *(I'm a U2 fan, I listened to all their albums.)*

ESSERE e STARE (to be/to stay)

Il verbo **ESSERE** come già sappiamo è un verbo molto importante in italiano, è utilizzato anche come ausiliare (insieme al verbo AVERE) degli altri verbi. *(The verb ESSERE as we already know is a very important verb in Italian, it is also used as an auxiliary (together with the verb AVERE) of the other verbs.)*

Ha differenti accezioni (It has different meanings):

1. Si usa per esprimere l'esistenza o la condizione del soggetto, cosa o persona. Generalmente è seguito da un aggettivo che indica le caratteristiche del soggetto o da un nome che definisce il soggetto stesso. *(It is used to express the existence or condition of the subject, thing or person. It is generally followed by an adjective that indicates the characteristics of the subject or by a name that defines the subject itself.)*

- Marco è un tipo allegro.   *(Marco is a cheerful guy.)*
- La casa in fondo al vialetto è gialla.   *(The house at the end of the driveway is yellow.)*
- Il cane è il miglior amico dell'uomo.   *(The dog is man's best friend.)*
- Lucia è una pediatra.   *(Lucia is a pediatrician.)*

2. Si usa per indicare la posizione di qualcosa o qualcuno. *(It is used to indicate the position of something or someone.)*

- Carlo è in palestra. *(Carlo is in the gym.)*
- Il gatto è sul tavolo. *(The cat is on the table.)*

3. "**c'è**" e "**ci sono**" per indicare una presenza in un luogo. *("There is" and "there are" to indicate a presence in a place.)*

- Ci sono persone che non conosco in questa stanza. *(There are people I don't know in this room.)*

- C'è del latte in frigo? (*Is there any milk in the fridge?*)

Il verbo STARE indica anche lui una presenza però con significati differenti (*The verb STARE also indicates a presence with different meanings*):

1. Si utilizza per indicare una condizione temporanea. (*It is used to indicate a temporary condition.*)

- Lucia sta benissimo con quel vestito rosso. (*Lucia looks great in that red dress.*)
- Antonio e Carlotta stanno male a letto. (*Antonio and Carlotta are sick in bed.*)

2. Si tilizza per indicare la posizione abituale di qualcosa. (*It is used to indicate the usual position of something.*)

- Il latte sta nel frigorifero (*The milk is in the refrigerator*)
- Il cappotto sta nell'armadio. (*The coat is in the wardrobe.*)

3. Comportamenti o stati emozionali temporanei. (*Temporary emotional behaviors or states.*)

- Sto aspettando buone notizie (*I am waiting for good news*)
- Stai attento al cane (*Watch out for the dog*)
- Stai in silenzio, non hai capito quello che ho detto! (*Be silent, you didn't understand what I said!*)

4. perifrasi con il verbo **STARE** (*periphrasis with the verb STARE*):

struttura della frase (*sentence structure*)

STARE + gerundio >> una azione in fase di svolgimento (*STARE + gerund >> an action in progress*)

- Anna sta studiando da mesi per l'esame di Diritto Privato.   *(Anna has been studying for months for The Private Law exam.)*
- Luca sta correndo per arrivare a lavoro in tempo. *(Luca is running to get to work on time).*

ACCADERE- SUCCEDERE-CAPITARE
(to happen)

Tutti questi verbi indicano un'azione passata, presente o futura che si compie, la differenza di accezioni dei diversi verbi però ne delinea il modo in cui gli italiani li utilizzano. *(All these verbs indicate a past, present or future action that takes place, but the difference in the meanings of the different verbs outlines the way in which Italians use them.)*

CAPITARE: significato e uso (to happen)

Questo verbo si usa per fatti o eventi che si verificano per caso, cioè senza il nostro volere, ma che spesso hanno conseguenze negative. Non sempre e non è detto che le conseguenze siano negative, però nella maggio partedi casi i madrelingua italiana utilizzano questo verbo con accezione non del tutto positiva. *(This verb is used for facts or events that occur by chance, that is, without our will, but which often have negative consequences. Not always and it is not said that the consequences are negative, but in May cases, Italian native speakers use this verb with a not entirely positive meaning.)*

Esempio (example):

- Stai più attento, possibile che capitano tutte a te? *(Be careful! all happen to you?)*
- A volte capita di sbagliare, l'importate è poi rimediare. *(Sometimes it happens to make mistakes, the important thing is to fix them.)*
- L'altra sera mi è capitato di incontrare un ragazzo molto strano. *(The other night I happened to meet a very strange boy.)*

SUCCEDERE: significato e uso (to happen)

Potremmo dire che questo verbo è quasi un sinonimo di "capitare", infatti si usa per parlare di qualcosa che avviene in modo casuale, al di fuori della nostra volontà. Ha una accezione più positiva rispetto a capitare. Lo utilizziamo per descivere un fatto o per chiedere il come sia avvenuto lo stesso. *(We could say that this verb is almost a synonym of "capitare", in fact it is used to talk about something that happens randomly, outside of our will. It has a more positive meaning than. We use it to describe a fact or to ask how it happened the same).*

- Che cosa è sucesso? *(What happened?)*
- Cosa è successo?

SUCCEDERE però ha anche un altro significato. Si usa spesso con il significato di "**venire dopo**", in riferimento a eventi, cose o succedere a qualcuno (spesso quando le persone muiono e si ha un atto di successione agli eredi) *(However, SUCCEDERE also has another meaning. It is often used with the meaning of "to come after", in reference to events, things or to happen to someone (often when people die and there is an act of succession to the heirs))*

Esempio (example):

- Il tuono succede il lampo. *(The thunder occurs after the flash.)*
- I figli succederanno al padre a capo dell'azienda.
        (The children will succeed their father at the head of the company)

ACCADERE: significato e uso (to happen)

Questo verbo, sebbene abbia lo stesso significato dei due precedenti, è decisamente più formale. *(This verb, although having the same meaning as the previous two, is decidedly more formal)*

Esempio (example):

Mi spieghi dottore, cosa è accaduto durante l'operazione?
        (Explain to me doctor, what happened during the operation?)

Da questo verbo deriva il sostantivo: **accaduto**, che significa "**quello che è successo**", presumendo che l'altro sappia di cosa stiamo parlando. *(From this verb derives the noun: accaduto, which means "what happened", assuming that the other knows what we are talking about.)*

Esempio (example):

Mi scusi signora, lei era presente durante l'accaduto? *(Excuse me, were you present during the happened?)*

ESSERE vs AVERE, gli ausiliari italiani (to be and to have, Italians auxiliary verbs)

I verbi ESSERE ed AVERE sono detti verbi ausiliari, servono, infatti, a costruire i tempi composti (verbo ausiliare + participio passato) di tutti gli altri verbi. ESSERE e AVERE sono verbi irregolari, vi presentiamo di seguito le coniugazioni dei due verbi per ora solo al presente indicativo per aiutarvi a costruire le frasi più semplici in italiano. *(The verbs ESSERE and AVERE are called auxiliary verbs, they serve, in fact, to construct the compound tenses (auxiliary verb + past participle) of all the other verbs. They are irregular verbs, here we present the conjugations of the two verbs for now only to the present indicative to help you build the simplest sentences in Italian.)*

VERBO ESSERE	*(to be)*
INDICATIVO PRESENTE	*(present indicative)*
Io sono	(I'm)
Tu sei	(You are)
Egli/ella/lui/lei è	(he/she are)
Noi siamo	(we are)
Voi siete	(you are)
Essi/loro sono	(they are)

VERBO AVERE (to have)	
INDICATIVO PRESENTE	*(present indicative)*
Io ho	(I have)
Tu hai	*(you have)*
Egli/ella/lui/lei ha	(he/she has)

Noi abbiamo	(we have)
Voi avete	(you have)
Essi/loro hanno	(they have)

QUANDO LI UTILIZIAMO? *(when we use them?)*

NELLA PRESENTAZIONE *(in the presentation)*

1) Usiamo il verbo **ESSERE** per *(we use " to be" for)*:

Nome >>Io sono Luca. Lui è Antonio, mio fratello. *(Name >> I am Luca. He is Antonio, my brother.)*

nazionalità o provenienza >> Io sono americano, lei è italiana. *(nationality or origin >> I am American, she is Italian.)*

indicare la professione >> Antonio è un cantante, Lucia è una ballerina. *(indicate the profession >> Antonio is a singer, Lucia is a dancer.)*

2) Usiamo il verbo **AVERE** per *(we use "to have" for)*:

età >> Giulio ha 25 anni, Maria ha 35 anni. *(age >> Giulio is 25 years old, Maria is 35 years old.)[so, in this case Italian use to have where English use to be]*

NELLE DESCRIZIONI *(in the descriptions)*

1) Usiamo il verbo **ESSERE** per *(we use "to be" for)* :

descrivere qualcosa con aggettivi qualificativi >> Lucia è una bellissima sposa. Antonio è biondo. *(describe something with qualifying adjectives >> Lucia is a beautiful bride. Antonio is blond.)*

2) Usiamo il verbo **AVERE** *(we use "to have" for)***:**

per descrivere il possesso di tratti caratteristici >> Matteo ha gli occhi azzurri. Io ho i capelli castani. *(to describe the possession of characteristic traits >> Matteo has blue eyes. I have brown hair.)*

NELLE ESPRESSIONI DI Ciò CHE SI PROVA *(in the expressions of what you feel)*

1) Usiamo il verbo ESSERE per *(we use "to be" for)*:

emozioni >> Sono felice che tu stia meglio. Antonio è triste nel vederla piangere. *(emotions >> I'm glad you're better. Antonio is sad to see her cry.)*

2) Usiamo il verbo AVERE per *(we use "to have" for)*:

bisogni >> Mario ha fame. Lucia e Luca hanno sonno. *(needs >> Mario is hungry. Lucia and Luca are sleepy.) .)[so, in this case Italian use to have where English use to be]*

QUANDO USIAMO GLI AUSILIARI ESSERE o AVERE? *(when do we use the auxiliaries to be or to have?)*

ESSERE è l' ausiliare di *(to be is the auxiliary of)*:

verbo essere, **se stesso** >> La scorsa settimana **sono stato** al cinema con Laura. *(verb to be, to oneself >> Last week I went to the cinema with Laura.)*

verbi intransitivi (qui introduciamo solo il concetto) che non possono quindi essere seguiti da un complemento oggetto. Non rispondono alla domanda chi o che cosa. >> Lucia è caduta per le scale. *(intransitive verbs (here we introduce only the concept) which cannot therefore be followed by an object complement. They do not answer the question who or what. >> Lucia fell down the stairs.)*

Verbi di movimento: ANDARE, PARTIRE, TORNARE etc>> Luca è tornato da lavoro un'ora fa. Maria è andata a scuola con Marco. *(Verbs of movement: GOING, STARTING, TURNING etc >> Luca came back from work an hour ago. Maria went to school with Marco.)*

Verbi di stato : NASCERE, CRESCERE, DIVENTARE etc >> Antonio è nato a Torino. Hai visto come è cresciuta la bimba di Gianna? *(State verbs: BORN, GROW, BECOME etc >> Antonio was born in Turin. Did you see how Gianna's baby has grown?)*

verbi riflessivi >> Mi sono pettinata. Mi sono Lavata. *(reflexive verbs >> I combed my hair. I washed myself.)*

AVERE come ausiliare di *(to be is the auxiliary of)*:

verbo avere, **se stesso**>> Ho avuto una giornata difficile. *(verb to have, itself >> I had a difficult day.)*

verbi transitivi (che possono rispondere alla domanda chi? O che cosa?)>> Mario ha mangiato la mela. Anna ha lavato l'automobile. (transitive verbs *(which can answer the question who? or what?) >> Mario ate the apple. Anna washed the car.)*

Alcuni verbi intransitivi che indicano movimento: **CORRERE, PASSEGGIARE, GIOCARE, CAMMINARE** >> Luca e Gianni hanno giocato tutto il pomeriggio in giardino. Antonio ha fatto una passeggiata in campagna. *(Some intransitive verbs that indicate movement: RUN, WALK, PLAY, WALK >> Luca and Gianni played all afternoon in the garden. Antonio took a walk in the countryside.)*

GRAZIE *(thank you)*

Una delle prime parole italiane che conosce uno straniero. In italiano però esistono tante variazioni di questa magica parolina *(One of the first Italian words that a foreigner knows. In Italian, however, there are many variations of this magical word)*:

Grazie con l'aggiunta rafforzativi del significato *(Thanks with the addition of reinforcing the meaning: (thanks very much))*

GRAZIE MILLE!

GRAZIE INFINITE!

MOLTE GRAZIE!

GRAZIE TANTE!

GRAZIE DI CUORE!

NOTA (note)

Spesso chi sta iniziando a studiare l'italiano commette l'errore di utilizzare grazie di/per +l'infinito di un verbo *(Often those who are starting to study Italian make the mistake of using the thanks of / for + the infinity of a verb)*

Esempio (example):

grazie di rispondere *(thank you for answering)*

grazie di aiutare *(thank you for helping)*

questa però in italiano **NON** è la struttura corretta da utilizzare. Il verbo deve essere al participio passato ed accompagnato dal suo ausiliare essere o avere all'infinito *(however, this is NOT the correct structure to use in Italian. The verb must be at the past participle and accompanied by its auxiliary to be or to have infinitive)*:

Grazie + DI / PER + ausiliare all'infinito + participio passato del verbo *(Thanks + DI / PER + auxiliary to infinity + past participle of verb)*

Esempio (example):

Grazie di aver risposto (*thank you for answering*)

Grazie di avere aiutato (*thank you for helping*)

Oppure possiamo utilizzare la struttura *(Or we can use the structure)*:

Grazie + DI / PER + sostantivo *(Thanks + DI / PER + noun)*

Esempio (example):

Grazie della risposta   *(Thanks for your answer)*

Grazie per l'aiuto   *(Thanks for your help)*

RINGRAZIARE *(to thank)*

Il verbo della parola Grazie è Ringraziare e per utilizzarlo nella miglior maniera dobbiamo stare attenti nel coniugarlo ed adattarlo nel contesto in cui siamo. *(The word of the word Thanks is to thank and to use it in the best way we must be careful in combining it and adapting it in the context in which we are.)*

Io ringrazio te >>> in contesti informali dove parliamo ad un amico o parente è >>**Ti ringrazio** >>in contesti informali in cui in italiano ci si rivolge con il Lei perché parliamo al capo, a un superiore, o semplicemente no si conosce la persona>> **La ringrazio**>> al plurale invece >> **Vi ringrazio** *(I thank you >>> in informal contexts where we talk to a friend or relative is >> Thank YOU>> in informal contexts in which in Italian we speak with [LEI] because we speak to the boss, to a superior, or simply no we know the person >> Thank [LA] >> in the plural instead >> Thank you [VI])*

possiamo rafforzarne il significato con le parole utilizzate prima *(we can reinforce its meaning with the words used before: thank you very/so much/a lot)*

Ti ringrazio di cuore

La ringrazio molto

Vi ringrazio tanto

Altra accezione per dire grazie è nell'espressione
"Essere grati a qualcuno/qualcosa di/per qualcosa" *(Another meaning to say thank you is in the expression "Being grateful to someone / something / for something".).*

Esempio *(example)*:

Sono grata ai miei figli per avermi organizzato una festa a sorpresa. *(I am grateful to my children for organizing a surprise party.)*

Sono grato all'universo per avermi dato tanto *(I am grateful to the universe for giving me so much)*

PREGO in italiano
(you are welcome in Italian)

per rispondere al Grazie la parola più utilizzata è **PREGO** *(to answer the Thank you the most used word is [PREGO])*

Esempio *(example)*:

– *Puoi passarmi del sale perfavore?*

– *Eccolo.*

– *Grazie!*

– *Prego!*

(- Can you pass me some salt please?

- There he is.

- Thanks!

- You are welcome!)

per rispondere al grazie possiamo utilizzare **FIGURATI** o **SI FIGURI** *(to respond to thanks we can use [FIGURATI] or [SI FIGURI])*

Esempio *(example)*:

– *Dottore, la ringrazio per avermi accolto con così poco preavviso.*

– *Si figuri.*

(- Doctor, thank you for welcoming me so soon.

- [SI FIGURI] don't worry.)

Inoltre un'altra formula per rispondere al grazie sono le parole **DI NULLA / DI NIENTE** *(Furthermore, another formula to* respond to the graces are the words [DI NULLA] / [DI NIENTE])

Esempio *(example)*:

– *Ciao ti ho portato gli appunti che mi avevi chiesto.*

– *Grazie mille...*

– *Di niente.*

(- Hi, I brought you the notes you asked for.

- Thanks a lot...

- [DI NIENTE] You're welcome.)

Allo stesso modo: **NON C'È DI CHE** oppure **E DI CHE?!** o ancora **È STATO UN PIACERE** *(in the same way: [NON C'È DI CHE] or [E DI CHE] or [È STATO UN PIACERE)*

Esempio (example):

– *grazie per aver dato un passaggio a Luca ieri!*

– *Non c'è di che! / E di che?/è stato un piacere*

(- thanks for giving Luca a lift yesterday!

- Don't worry/you are welcome/it was a plesure [Non c'è di che! / E di che/è stato un piacere])

ESPRESSIONI FREQUENTI
(frequent expressions)

C'È e CI SONO (there is and there are) sono espressioni derivanti dal verbo essere che si unisce alla particella ci e che indicano la presenza o meno di un soggetto in un determinato luogo fisico o figurato. Il loro significato è quindi di "essere qui". *(they are expressions deriving from the verb to be joined to the particle ci and which indicate the presence or absence of a subject in a specific physical or figurative place. Their meaning is therefore to "be here".)*

C'È è usato con un soggetto singolare. *([C'È] is used with a singular subject.)*

Esempio *(example)*:

- Qui **c'è** molta gente. *(There are a lot of people here.)*

CI SONO è usato con un soggetto plurale. *([CI SONO] it is used with a plural subject).*

Esempio (example):

- Nel libro ci sono molto immagini. *(There are a lot of images in the book.)*

Le stesse espressioni possono essere utilizzate nella **forma interrogativa** e nella **forma negativa** *(The same expressions can be used in the interrogative form and in the negative form):*

FORMA INTERROGATIVA *(interrogative form)*

Esempio *(example)*:

C'è molta gente qui?   *(Is there a lot of people here?)*

FORMA NEGATIVA *(negative form)*:

- **Qui non c'è** molta gente. *(There are not many people here.)*

c'è e **ci sono** possono essere coniugate in tutti i tempi e modi del verbo essere *(there is and can be conjugated in all times and ways of the verb to be.)*

Esempi *(example):*

- **Ci sarà** molta gente alla tua festa lunedì prossimo? *(Will there be many people at your party next Monday?)*
- Ieri **c'era** il sole ma oggi è nuvoloso. *(Yesterday there was the sun but today it's cloudy)*

Pronuncia di alcune parole in italian (Pronunciation of some words in Italian)

Alcune parole italiane, sono molto difficili da pronunciare per via delle doppie ma anche per sillabe che rendono particolare la fonetica.

Pidocchio >> / piˈdɔkkjo/   *(louse)*
Chiacchierare >> /ˈkjakkjere/   *(chatter)*
Maglione >> / maʎˈʎone/   (sweater)
Campagna >> / kamˈpaɲɲa/   (countryside)
Maglietta >> / ˈmaʎʎetta/   (t-shirt)
Calzone >> /kalˈtsone/   (stuffed pizza/calzone)
Schiocco >> / sˈkjɔkko/   (snap)
Espresso >> /esˈprɛsso/   (express)
Scherzo >> /ˈskertso/   (joke)
Ghiaccio >> /ˈgjattʃo/   (ice)
Vecchio >> / ˈvɛkkjo/   (old)
Chiocciola >> / ˈkjɔtʃtʃola/   (snail)
Ciliegia >> / tʃiˈljɛdʒa/   (cherry)
Colloquio >> / kolˈlɔkwjo/   (interview)
Coniglio >> / koˈniʎʎo/   (rabbit)
Cucchiaio >> / kukˈkjajo/   (spoon)

Grammatica: avverbi di luogo
(Grammar:space adverbs)

Prima di tutto spieghiamo che l'avverbio è una parte invariabile del discorso, la cui funzione è determinare il significato di un verbo.

Esistono differenti tipi di avverbio a seconda del significato che garantiscono al verbo di riferimento. *(First of all we explain that the adverb is an invariable part of speech, whose function is to determine the meaning of a verb. There are different types of adverbs depending on the meaning they guarantee the reference verb.)*

Gli avverbi di luogo sono QUI, QUA, LÌ, LÀ *(The adverbs of place are HERE, THERE)*

QUI e **QUA**: indicano "in questo luogo" e sono vicini al parlante o soggetto parlante della frase *([qui] and [qua:]indicate "in this place" and are close to the speaker or speaking subject of the sentence.)*.

- Qui fa molto caldo *(It is very hot here)*
- Qua c'è un gran caos *(Here there is a great chaos)*
- Appoggia pure la tua borsa qui *(Put your bag down here)*
- Qua c'è posto per tutti *(Here there is a place for everyone)*

LÌ e **LÀ**, indicando " in quel luogo", lontano al soggetto parlante o della frase . *([LÌ] and [LÀ], indicating "in that place", far from the speaking subject or sentence.)*

Forse là c'è un parcheggio!*(Maybe there is a parking there!)*

Là c'è casa di Luca.   *(There is Luca's house.)*

Lì in montagna fa molto freddo. *(There in the mountains it is very cold)*

Vocabolario: COMPLIMENTI e AUGURI *(vocabulary: congratulations and good wishes)*

Introduciamo formule e modi di dire utili per mantenere ottime relazioni: complimentarsi e augurare. *(We introduce formulas and ways of saying useful to maintain excellent relations: compliment and wish.)*

Per congratularsi per successi, un lavoro terminato, un titolo raggiunto o per motivare la persona, si possono utilizzare formule *come (To congratulate for successes, a finished work, a title achieved or to motivate the person, formulas such as)*:

BRAVISSIMO/BRAVISSIMA!	*(very good)*
COMPLIMENTI	*(congratulations)*
OTTIMO LAVORO!	*(good job)*
SEI GRANDE	*(you are great)*
CONTINUA COSÌ!	*(keep it up)*

SEI IN GAMBA! *(you're bright)*

Per augurare felicità a qualcuno in circostanze ed eventi specifici come compleanni, matrimoni, nascite, raggiungimento di obiettivi *personali (To wish someone happiness in specific circumstances and events such as birthdays, weddings, births, achieving personal goals)*:

AUGURI	*(wishes)*
COMPLIMENTI	*(congratulations)*
CONGRATULAZIONI	
FELICITAZIONI	

Per un apprezzamento in generale fisico o psichico possiamo utilizzare *(For an appreciation in general physical or mental we can use)*:

Che schianto!   *(that cool)*

Come sei generoso   (How generous you are)
Quanto sei bello   (How beautiful you are)
Che bambino simpatico (What a nice child)
Quanto sei dolce   (You're so sweet)
Che occhi meravigliosi (What wonderful eyes)
Sei bellissima   (you are beautiful)

5. complimentarsi con qualcuno per qualcosa quando non lo vediamo da molto tempo *(congratulate someone on something when we haven't seen it for a long time)*:

TI VEDO IN FORMA! *(I see you in shape!)*

STAI MOLTO BENE! *(you look good)*

6. per apprezzamenti sull'aspetto o il look *(for appreciation of appearance or look)*:

Questo nuovo taglio di capelli ti dona *(This new haircut looks good on you)*

Quel vestito rosso ti sta una favola *(you are amzing with this red dres)*

Sei strepitosa *(you are amazing)*

Vocabolario parole più utilizzate: APPENA *(most used words:as soon as, just)*

È una parola molto utilizzata in italiano, è un avverbio di tempo o modo *(It is a word widely used in Italian, it is an adverb of time or mode.)*

1. indica "**da poco tempo**", struttura della frase (indicates "recently" sentence structure)

Ausiliare+appena+participio passato *(Auxiliary + just + past participle)*:

- È appena passato l'autobus   *(The bus has just passed)*
- Ho appena terminato di mangiare   *(I just finished eating)*
- A volte Appena è semplicemente seguito dal participio passato. *(Sometimes Just is simply followed by the past participle.)*
- Il pane appena sfornato. *(Freshly baked bread.)*
- Il libro appena stampato. (The book just printed)

2. indica "**nel momento in cui**", struttura frase *(indicates "when",sentence structure)*

APPENA + VERBO al modo INDICATIVO (JUST + VERB in INDICATIVE):

- Appena finisco i compiti vado a giocare. *(when I finish my homework I go to play.)*
- È andato a prenderlo a scuola appena finita la lezione. *(He went to pick him up at school as soon as the lesson ended.)*

3. indica "**soltanto**" (indicates "just")

Sono in ritardo, ho appena 5 minuti per fare colazione. *(I'm late, I have just 5 minutes to have breakfast.)*

- Ho appena un euro per comprare il pane. *(I have just one euro to buy bread.)*

4. indica "**scarsamente**", "**malapena**" *(indicates "poorly", "barely".)*

Con la benzina che ci rimane riusciamo appena ad arrivare a casa. *(With the gasoline we have left, we can barely get home.)*

Dopa la caduta Andrea riesce appena a *camminare (After the fall, Andrea barely manages to walk.)*

Vocabolario parole più utilizzate: ALLORA *(Vocabulary most used words:than)*

Prima di parlar della parola **ALLORA** che è una delle parole italiane più usate dai madrelingua insieme alla parola COSA, dobbiamo introdurre il concetto di **INTERCALARE**. Sequenze di suoni che vengono inserite nella frase e nel flusso comunicativo (soprattutto parlato) spesso in maniera automatica e irriflessa. Tali elementi hanno largo utilizzo nelle funzioni espressive, dando enfai al discorso. La loro natura grammaticale può essere la più varia: si può trattare di nomi, di avverbi, aggettivi, interi enunciati o espressioni, sempre, però, svuotati dal loro significato originario e piegati a un diverso utilizzo. *(Before talking about the word ALLORA which is one of the Italian words most used by native speakers together with the word COSA, we must introduce the concept of INTERCALARE (interlayer). Sequences of sounds that are inserted in the sentence and in the communicative flow (above all spoken) often in an automatic and unreflective way. These elements are widely used in expressive functions, giving emphasis to the speech. Their grammatical nature can be the most varied: they can be names, adverbs, adjectives, whole sentences or expressions, always, however, emptied of their original meaning and bent to a different use).*

Uno tra i principali intercalari italiani è appunto ALLORA (One of the main Italian intercalators is precisely ALLORA):

1. Spesso utilizzato **all'inizio di un discorso**, mentalmente aiuta il parlante ad introdurre il discorso, conquistare l'attenzione del pubblico, guadagnare del tempo per articolare nella maniera più appropriata il discorso, ma anche introdurre il discorso con una precisazione *(Often used at the beginning of*

a speech, mentally helps the speaker to introduce the discourse, gain the attention of the public, gain time to articulate the discourse in the most appropriate manner, but also introduce the speech with a clarification):

- Allora, oggi parleremo della storia dell'antica Roma. *(So, today we will talk about the history of ancient Rome.)*
- Allora, oggi sono qui per parlarvi dell'importanza del verde pubblico. *(So, today I am here to tell you about the importance of public parks.)*
- Allora lo sai che Antonio è malato a letto? *(So do you know that Antonio is sick in bed?)*

2. L' uso come avverbio di tempo **"in quel momento"** *(use as an adverb of time "at that time")*

- Quando i nonni erano giovani era difficile avere informazioni, allora non c'era la televisione. *(When the grandparents were young it was difficult to get information, then there was no television.)*

3. Da quel momento *(From that moment)*:

- Lucia è stata male dopo aver mangiato pesce, da allora non lo ha più mangiato. *(Lucia was sick after eating fish, she hasn't eaten since then).*

4. L'uso come avverbio di modo **"quindi"**, **"per questo"** (*Use as an adverb of "therefore", "for this")*

- Luca piangeva disperato, allora gli ho comprato un gelato. *(Luca was crying, so I bought him an ice cream)*
- Non hai capito la lezione, allora nel pomeriggio ti aiuterò con i compiti. *(You did not understand the lesson, so in the afternoon I will help you with homework).*

6. Significato "**in quel caso**" *(Meaning "in that case"):*

- Se vieni a Firenze, allora devi passare a casa mia *(If you come to Florence, then you have to go to my house).*

7. Per enfatizzare domande o commenti *(To emphasize questions or comments).*

- Allora, come stai? *(So how are you?)*
- Come è andato l'esame, allora? *(How did the exam go, then?)*
- Allora cosa è successo dopo che sono andata via? *(So what happened after I left?)*

Parole ingannevoli: FALSI AMICI
(Misleading words: FALSE FRIENDS)

Ci sono differenti parole che possono creare confusione perché pur essendo molto simili in italiano ed inglese, hanno un diverso significato ed uso nelle due lingue che può portare ad incomprensioni. *(There are different words that can create confusion because despite being very similar between Italian and English, they have a different meaning and use which can lead to misunderstanding)*

ANNOIANTE

Questa parola semplicemente non esiste in italiano e deriva dall'inglese "**annoying**". Tuttavia, se qualcosa in inglese è "annoying", in italiano è "**fastidiosa**"!

Invece, l'aggettivo "**noioso**" significa "**boring**", laddove "**annoiato**" significa "**bored**".

(This word simply does not exist in Italian and derives from English "annoying". However, if something in English is "annoying", in Italian it is [FASTIDIOSO]!

Instead, the adjective [NOIOSO] means "boring", where [ANNOIATO] means "bored".)

ARGOMENTO

Un "**argomento**", in italiano, è l'oggetto di una conversazione (quello che gli inglesi definiscono: "**topic**" o "**subject**").

Tuttavia, molti usano la parola "argomento" con il significato di "**litigio**", "**scontro**", "**diverbio**", a causa dell'influenza della parola inglese "**argument**".

(An "argument", in Italian, is the subject of a conversation (what the English define: "topic" or "subject"). However, many use the word "argument" with the meaning of "quarrel", "confrontation", "argument", due to the influence of the English word "argument".)

EDUCAZIONE

In inglese la parola "**education**" si riferisce al ricevere una preparazione culturale sistematica, generalmente a scuola; in italiano però, in questo caso, si parlerà di "**istruzione**" e chi la riceve sarà una persona "istruita".

"**Educazione**" in effetti esiste in italiano, ma indica la trasmissione di valori morali e culturali (quello che in inglese corrisponde più che altro a "**good manners**", "**politeness**").

Sì, insomma, l'educazione è per gli italiani quella che insegnano i genitori: essere cortesi, rispettare gli altri, dare la precedenza alle persone più grandi, non parlare con la bocca piena.

Quindi, una persona può essere educata ma non necessariamente istruita e viceversa.

(In English the word "education" refers to receiving a systematic cultural preparation, generally at school; in Italian, however, in this case, we will talk about [ISTRUZIONE] and who receives it will be an [ISTRUITA] person.

"Education" actually exists in Italian, but indicates the transmission of moral and cultural values (which in English more or less corresponds to "good manners", "politeness").

Yes, in short, education is for Italians what parents teach: being courteous, respecting others, giving priority to older people, not speaking with a full mouth.

Thus, a person can be educated but not necessarily [ISTRUITA] and vice versa.)

Vocabolario: ciao, buongiorno, arrivederci. *(Vocabulary: hello, good morning, good bye).*

Ciao! si usa quando incontriamo una persona e quando andiamo via, in situazioni informali tra amici o in famiglia. *(it is used when we meet a person and when we go away, in informal situations between friends or family).*

Salve! Non è comune come "Ciao" ma è più appropriato da utilizzare tra persone con cui non si ha familiarità. *(It is not as common as "Ciao" but it is more appropriate to use among people you are not familiar with).*

Buongiorno! Si utilizza quando incontriamo una persona in una situazione formale durante il mattino. *(It is used when we meet a person in a formal situation during the morning).*

Buona giornata! Si utilizza quando andiamo via, in una situazioni formali e non. *(It is used when we go away, in formal and non-formal situations).*

Buona sera! Si utilizza quando incontriamo una persona in una situazione formale durante il pomeriggio/sera. *(It is used when we meet a person in a formal situation during the afternoon / evening)*

Buona serata! Si usa quando andiamo via durante il pomeriggio/sera. *(It is used when we leave during the afternoon / evening.)*

Buona notte! Si usa quando si va a dormire. *(It is used when you go to sleep.)*

Arrivederci! Si usa solo quando si va via, in qualsiasi ora del giorno e in contesti formali e non. *(It is used only when leaving, at any time of day and in formal and non-formal contexts).*

Pronto? Utilizzato sempre per rispondere al telefono. È possibile utilizzare "Pronto" quando si riceve o si fa una telefonata, indifferentemente.*(Always used to answer the phone. You can use "Pronto" when you receive or make a call, indifferently.)*

Ciao a tutti! Per salutare un gruppo di persone in contesto informale, un gruppo di amici per esempio. *(To greet a group of people in an informal context, a group of friends for example).*

Salve a tutti. Per salutare un gruppo di persone in contesto semi-formale. Colleghi di lavoro per esempio. *(To greet a group of people in a semi-formal context. Work colleagues for example).*

Benvenuto. Accogliere qualcuno in maniera informale o formale. *(Accept someone informally or formally.)*

Vocabolario: Come stai? Sto bene
(Vocabulary, meet a person)

Al più semplice **COME STAI?** i madrelingua italiani utilizzano tantissime altre varianti *(At the simplest HOW are you? Italian native speakers use lots of other variations)*:

- **COME VA?**
- **COME VANNO LE COSE?**
- **COME VA LA VITA?**
- **COME TE LA PASSI?**

Sono tutte formule informali per rivolgersi a persone con le quali siamo in confidenza. *(They are all informal formulas to address people with whom we are in confidence).*

- **COME STA?**

Si utilizza dando del Lei, terza persona singolare, se siamo in un constesto formale o non abbiamo confidenza con una persona. *(You use giving of yourself, third person singular, in a formal context or we are not familiar with a person.)*

COME SI RISPONDE? (HOW DO YOU REPLY?)

A seconda dello stato reale di chi risponde *(Depending on the real status of the respondent)*:

1. La prima risposta è **STO BENE**, ma esistono molte varianti *(The first answer is I' MA FINE, but there are many variations)*:

- **BENISSIMO!**
- **MAI STATO MEGLIO!**
- **ALLA GRANDE!**
- **TUTTO BENE!**

(Very well! Never been better! Great! Everything good!)

2. Risposte intermedie, cioè non si è felicissimi ma le cose vanno bene *(Intermediate answers, that is, one is not very happy but things are going well)*:

- **NIENTE MALE!**
- **NON C'È MALE!**
- **NIENTE DI CHE!**
- **NIENTE DI SPECIALE**
- **NON MI POSSO LAMENTARE!**
- **SI TIRA AVANTI**
- **NIENTE DI NUOVO**
- **TUTTO A POSTO**

(Not bad! - There is no bad! - Nothing special ...)

3. Varianti alla risposta STO MALE quando si passa un periodo difficile *(Variants to the answer, I am BAD when going through a difficult period)*:

- **COSÌ COSÌ**
- **INSOMMA**
- **NON MOLTO BENE**
- **SONO STATO MEGLIO**
- **HO VISTO MOMENTI MIGLIORI**
- **UNO SCHIFO**
- **UNA TRATEGIA**
- **ASPETTO MOMENTI MIGLIORI**

(So So - Unlimited - Not Very Good - I Have Been Better - I Have Seen Best Moments - A Suck - A Trategy - I Look Better Moments)

NOTA (note):

Alla risposta alla domanda "come va?" segue un'altra domanda all'interlocutore. È buona maniera infatti chiedere anche all'interlocutore "come va?" con la formula "e tu?" *(To the answer to the question "how are you?" Another question follows to the interlocutor. It is a good way to ask the interlocutor "how are you?" With the formula "and you")*

    MARIA: Ehi, Ciao! Come stai?

    LUCA: Benissimo. Ho appena passato un esame con il massimo dei voti. E tu? Come vanno le cose?

(MARIA: Hey, Hi! How are you? LUCA: Very well. I just passed an exam with top marks. And you? How are things?)

COSA RACCONTI? : IMPOSTARE UN DIALOGO.
(what's up? : set a dialogue)

Per impostare un dialogo con il proprio interlocutore abbiamo delle formule più o meno convenzionali che generalmente utilizzano tutti i madrelingua italiani. *(To set up a dialogue with your interlocutor we have conventional formulas that generally use all Italian native speakers).*

Per chiedere informazioni circa la vita dell'interlocutore possiamo utilizzare le formule oltre al COME VA? Già visto. *(To set up a dialogue with your interlocutor we have more or less conventional formulas that generally use all Italian native speakers. To request information about the life of the interlocutor we can use the formulas in addition to the How are you? Already seen).*

- **CHE SI DICE?**
- **COSA MI RACCONTI?**
- **NOVITA?**

Le risposte se negative, cioè non si vuole raccontare nulla all'interlocutore possono essere *(The answers, if negative, that is, you don't want to tell anything to the other party, can be):*

- **NIENTE!**
- **NON MOLTO**
- **NIENTE DI CHE** *(nothing much)*
- **NIENTE DI SPECIALE** *(nothing special)*
- **TUTTO COME SEMPRE**

Se vogliamo aiutare una persona che vediamo visibilmente triste possiamo chiedere *(If we want to help a person we see visibly sad we can ask)*:

- **CHE SUCCEDE?** *(are you ok?)*
- **QUALCOSA NON VA?**
- **TUTTO BENE?**
- **POSSO AIUTARTI?**

L'intonazione in questo caso è tutto, per empatizzare con l'interlocutore. *(The intonation in this case is everything, to empathize with the interlocutor).*

Vocabolario: fenomeni atmosferici, che tempo fa? (atmospheric phenomena, what's the weather like?)

Continuando con le formule per costruire un dialogo un argomento importante da trattare è il CHIEDERE informazioni sul meteo. La principale domanda è: **CHE TEMPO FA?** *(Continuing with the formulas to build a dialogue an important topic to be treated is ASK information on the weather. The main question is: what's the weather?)*

Per rispondere possiamo utilizzare le seguenti formule *(To answer we can use the following formulas)*:

1) Verbo FARE alla terza Persona Singolare: **FA / FACEVA / FARÀ** + aggettivo *(Verb FARE to the third Singular Person: FA / FACEVA / FARA + adjective)*

Fa **caldo** / **freddo** *(It's hot / cold)*

Fa **bel** / **cattivo** / **brutto** tempo *(good / bad weather)*

Esempio (example):

Che caldo che fa oggi, non si respira! *(How hot it is today, you can't breathe!)*

Brrr che freddo che fa oggi, pare che l'inverno sia arrivato! *(Brr how cold it is today, it seems winter has arrived!)*

2) **È + aggettivo specifico per il tempo** *(be+ specific adjective for weather)*

Quello di ieri è stato un pomeriggio piovoso. *(Yesterday was a rainy afternoon.)*

Domenica prossima sarà soleggiata. *(Next Sunday it will be sunny.)*

3) C'È / CI SONO + sostantivo *(there is/there are+noun)*

Guarda dalla finestra, ci sono le nuvole!   *(Look at the window, there are clouds!)*

Oggi c'è pioggia.   *(today it's raining)*

4) verbo *(verbs)*

Nevica, usciamo in giardino a fare un pupazzo di neve!
   (It's snowing, we go out in the garden to make a snowman!)

Sta piovendo, prendi l'ombrello prima di uscire.   *(It is raining, take the umbrella before going out.)*

Descriviamo le stagioni, i sostantivi e gli aggettivi che le caratterizzano.   *(We describe the seasons, the nouns and adjectives that characterize them.)*

INVERNO *(Winter)*

Pure essendo un clima mite e mediterraneo l'inverno in Italia è **molto freddo**. Spesso, specialmente nelle zone continentali e di montagna il clima **è gelido**.

Specialmente al nord d'Italia e sulle montagne c'è **la neve**.

L'inverno è caratterizzato dalla **pioggia**. Le giornate invernali spesso sono molto **piovose**. Quando la pioggia è molto forte, si dice pioggia battente, acquazzone. Se vi sono lampi e tuoni il temporale è una **tempesta o una burrasca.**

Se cadono cubetti di ghiaccio, **grandina**, c'è la grandine.

Spesso quando cessa di piovere ed esce il sole c'è **l'arcobaleno.**

L'inverno è inoltre caratterizzato dal **vento**, è **ventoso**.

Non ci sono **uragani** in Italia. Esistono però, sempre con più frequenza le **trombe d'aria**, cioè attacchi di vento fortissimo spesso provenienti dal mare.

(Even though the climate is mild and Mediterranean, winter in Italy is very cold. Often, especially in continental and mountain areas, the climate is cold.

Especially in the north of Italy and in the mountains there is snow.

Winter is characterized by rain. Winter days are often very rainy. When the rain is very strong, it is called storm. If there are lightning and thunder the storm is a TEMPESTA or a BURRASCA.

If ice cubes fall, hail, there is hail.

Often when it stops raining and the sun comes out, there is rainbow.

Winter is also characterized by wind, it is windy.

There are no hurricanes in Italy. However, there are always more frequently the air horns, that is to say attacks of very strong wind often coming from the sea.)

ESPRESSIONI e MODI DI DIRE per l'inverno
(expressions and ways to say for the winter):

Fa un freddo cane / Si muore di freddo Cioè fa molto freddo *(it's very cold)*

Ho la pelle d'oca – quella sensazione della pelle di quando abbiamo i brividi (associata al freddo, ma anche alla paura)
(that feeling of the skin of when we shiver (associated with cold, but also with fear))

Piove a catinelle / a dirotto! – cioè piove fortissimo *(it rains very hard)*

PRIMAVERA *(Spring)*

In primavera, il tempo generalmente è **sereno** ed il **cielo terso o limpido**. A volte ci sono acquazzoni, gli **acquazzoni primaverili**.

Il clima soprattutto in questa stagione **è mite**, non fa troppo caldo né troppo freddo. Il clima primaverile in Italia è caratterizzato da una **leggera brezza** che mantiene le temperature ideali.

(In spring, the weather is generally clear. Sometimes there are downpours, spring showers.

The climate especially in this season is mild, it is not too hot nor too cold. The spring climate in Italy is characterized by a slight breeze that maintains ideal temperatures).

ESPRESSIONE e MODI di DIRE per la primavera
(EXPRESSIONS AND WAYS TO SAY for the spring):

Tepore primaverile, **cioè il primo solo che scalda le giornate dopo il brusco inverno** (*that is the first sun that warms the days after the abrupt winter)*

Svegliati, è primavera. Modo di dire che rimanda a il risvegliarsi della natura dopo il letargo del'inverno. *(A way of saying that refers to the awakening of nature after the lethargy of winter.)*

ESTATE *(Summer)*

In estate è spesso molto cado. È un caldo **umido che fa sudare.** Quando il caldo è molto intenso si dice che è **torrido, afoso**. Per fortuna, però, in estate si va al mare o in piscina dove è possibile **prendere il sole** e **abbronzarsi** godendo della brezza marina e di lunghi bagni rigeneratori.

(In summer it is often very hot. It is a humid heat that makes you sweat. When the heat is very intense it is said that it is torrid, sultry. Fortunately, however, in summer you go to the sea or to the pool where you can sunbathe while enjoying the sea breeze and long regenerative baths.)

ESPRESSIONE e MODI di DIRE per l' estate
(EXPRESSIONS AND WAYS TO SAY for the summer):

C'è un'afa che toglie il respiro, **fa così caldo da non poter quasi respirare. *(it's so hot you can't almost breathe.)***

C'è un sole che spacca le pietre, **cioè fa caldissimo il sole è molto forte.** *(is very hot the sun is very strong.)*

Prendere la tintarella, che significa abbronzarsi, assumere un colore di pelle più scuro. *(which means tanning)*

Prendere un'insolazione , che significa essere stati troppo tempo al sole e essersi scottati. *(which means having been in the sun too long and getting burned.)*

AUTUNNO *(Autumn)*

In autunno solitamente c'è **la nebbia**. Il vento soffia forte ed è spesso **nuvoloso**. Le piogge spesso sono leggere: **pioviggina**. *(In autumn there is usually fog. The wind is strong and often cloudy. The rains are often light: drizzle.)*

ESPRESSIONE e MODI di DIRE per l' autunno
(EXPRESSIONS AND WAYS TO SAY for the Autumn):

Cielo a pecorelle, descrive quando in cielo ci sono nuvole piccole agglomerate tra loro. *(describes when there are small clouds clustered together in the sky.)*

Vocabolario: verbi utili per viaggiare in Italia *(useful verbs for traveling in Italy)*

PRENOTARE *(to book)*

Quando si organizza un viaggio, il primo passo è proprio PRENOTARE, cioè **riservare anticipatamente** qualcosa che si vuole trovare disponibile ad un orario concreto.

In particolare, si prenotano i biglietti del treno, dell'aereo, ma anche albergo o la casa. Chiaramente è possibile anche prenotare un tavolo al ristorante o un posto per uno spettacolo al teatro, al cinema, ad un evento o concerto

Esempio in Hotel:

- ➤ Buongiorno e benvenuti nell'hotel DOLCE SONNO
- ➤ Buongiorno, avete disponibilità di camere per due per sone per questa notte?
- ➤ Si mi rimane una camera con balcone, per 85 euro a notte con colazione inclusa, vuole prenotarla?
- ➤ Si certo la prenotiamo.
- ➤ Bene, mi favorisca i suoi documenti ed il numero di carta di credito. Grazie.

(When organizing a trip, the first step is to BOOK, that is, to reserve something in advance that you want to find available at a specific time.

In particular, train, plane, but also hotel or home tickets are booked. Clearly it is also possible to book a table at the restaurant or a place for a show at the theater, at the cinema, at an event or concert

Hotel example:

- *Good morning and welcome to the DOLCE SONNO hotel*
- *Iorno Good morning, do you have rooms available for two people for this night?*
- *Yes, I still have a room with a balcony, for 85 euros a night including breakfast, do you want to book it?*
- *Yes, we certainly book it.*
- *Well, you favor me with your documents and credit card number. Thanks.)*

DISDIRE *(to cancel)*

Questo verbo è connesso a quello precedente poichè significa **annullare, cancellare una prenotazione**. È chiaramente importante conoscere questo verbo nel caso in cui si verifichi un imprevisto e non si può usufruire della prenotazione effettuata

Per esempio:

- Pronto? Buona sera vorrei disdire la prenotazione del tavolo per questa sera a nome Bianchi. È possibile? Mi dispiace ma mio figlio ha avuto un malore. Spero non ci siano problemi.
- Certo! No non si preoccupi! Grazie per averci avvisato.

(This verb is connected to the previous one because it means cancel, cancel a reservation. It is clearly important to know this verb if something unexpected occurs and you cannot take advantage of the reservation made

For example:

- *Hello! Good evening I would like to cancel the booking of the table for this evening on behalf of Bianchi. It's possible? I'm sorry, but my son got sick. I hope there are no problems.*

> *Of course! No don't worry! Thanks for letting us know.)*

DECOLLARE / ATTERRARE *(to take off/to land)*

Questi verbi sono entrambi relazionati con l'aereo. Importante conoscerli per mantenrsi pronti agli avvisi in fase di **DECOLLO** cioè la **partenza dell'aereo**, e dell' l'ATTERRAGGIO cioè **l'arrivo**, quando tocca terra.

Per esempio:

Un viaggio tremendo, il decollo è stato buono ma una volta che l'aereo ha preso quota ha incontrato molte perturbazioni.

(These verbs are both related to the plane. It is important to know them in order to be ready for the notifications during the TAKE-OFF phase, in the departure of the plane, and the landing, that is the arrival, when it touches the ground.

For example:

A tremendous journey, the take-off was good but once the plane took off, it encountered many disruptions.)

ASSAGGIARE *(to taste)*

ASSAGGIARE è un verbo molto frequente in Italia dove il cibo ed i sapori variano tra le centinaia di prodotti enogastronomici e piatti tipici. Questo verbo significa **provare**, ma è usato solo in riferimento al **cibo**. Quando assaggiamo qualcosa, ne mangiamo un po' per sentirne il gusto, per capire se ci piace e se ne vogliamo mangiare o comprare una quantità maggiore.

Per esempio nel supermercato:

> Vorrei un etto di prosciutto crudo di Parma.
> Prego signoa assaggi questo!

- ➢ Mmm squisito
- ➢ Gliene pongo un etto allora?
- ➢ Faccia due etti. Grazie!

(TASTE is a very common verb in Italy where food and flavors vary among the hundreds of food and wine products and typical dishes. This verb means to try, but it is used only in reference to food. When we taste something, we eat a little to taste it, to understand if we like it and if we want to eat or buy more.

For example in the supermarket:

- ➢ *I would like a pound of Parma ham.*
- ➢ *Please lady taste this!*
- ➢ *Mm Mmm exquisite*
- ➢ *Do I put pound on it then?*
- ➢ *Do two punds. Thanks!)*

MISURARE/ PROVARE *(to try on/to misure)*

Soprattutto durante lo shopping si ha la necessità di misurare o provare scarpe, vestiti o accessori. Proprio per capire se possano piacere, stare bene ed eventualmente comprare. Per misurare quindi qualcosa in un negozio di abiti ad esempio, chiederemo al commesso o alla commessa del negozio:

- ➢ Dove posso misurare questi pantaloni?
- ➢ I camerini sono in fondo, a destra.
- ➢ Mi scusi sono un po' grandi posso avere la taglia 40?

(Especially during shopping one needs to measure or try on shoes, clothes or accessories. Just to understand if they can like it, feel good and eventually buy. To measure something in a clothes shop, for example, we will ask the clerk or the shop assistant:

> Where can I measure these pants?
> The dressing rooms are at the bottom, on the right.
> Excuse me, they are big, can I have size 40?)

FARE DOMANDA (presso) *(to apply)*

Fare domanda significa **fare una richiesta formale** per lavorare o studiare da qualche parte o anche formalizzare documenti.

Per esempio:

- Ho fatto richiesta all'università per la tessera della mensa
- Lucia ha fatto richiesta per iscriversi nell'albo degli architetti

PERMETTERE/PROIBIRE *(to allow/to prohibit)*

Spesso questo tipo di verbi lo troviamo su cartelli stradali ed indicazioni negli spazi pubblici. PERMETTERE, infatti, significa **autorizzare**, **dare il consenso**, PROIBIRE al contrario significa vietare, non dare l'autorizzazione.

Per esempio:
- Proibito fumare
- È permesso l'uso del telefono cellulare solo senza suoneria
- È proibito parcheggiare nelle ore notturne.

(Often this type of verbs can be found on road signs and indications in public spaces. ALLOWING, in fact, means authorizing, giving consent, PROIBIRE on the contrary means prohibiting, not giving authorization.

For example:

• *No smoking*

• *Mobile phone use is allowed only without a ringtone*
• *Parking at night is prohibited.)*

È OBBLIGATORIO/È VIETATO *(it's mandatory/forbidden)*

Anche in questo caso spesso il verbo è presente in cartelli stradari o spazi pubblici. Obbligatorio significa che si può accedere ad un bene o servizio solo se si compiono determinate azioni. Al contrario Vietare significa che in condizioni di mancato compimento dell'azione indicata si va incontro a sanzioni o multe.

Per esempio:

- è obbligatorio l'uso del casco all'interno del cantiere
- vietato l'ingresso ad autoveicoli
- Vietato fumare.
- è obbligatorio l'uso della cintua di sicurezza in fase di decollo o atterraggio dell'aereo.

(Also in this case the verb is often present in street signs or public spaces. Mandatory means that service can only be accessed if certain actions are performed. On the contrary, Banning means that in conditions of failure to complete the indicated action, penalties or fines are incurred.

For example:

• the use of a helmet within the construction site is mandatory

• entry to motor vehicles prohibited

• No smoking.

• the use of the safety belt is mandatory when taking off or landing the aircraft.)

NOLEGGIARE (*to rent*)

NOLEGGIARE significa **pagare** una certa somma di denaro **per usare qualcosa** per un certo periodo di tempo, di solito mezzi di trasporto.

- Lucia e Giovanni hanno noleggiato un'automobile per tutta la durata del viaggio.
- Gianni ha noleggiato un monopattino elettrico per visitare il centro di Roma.

(RENT means paying a certain amount of money to use something for a certain period of time, usually transport vehicles are hired.

• *Lucia and Giovanni rented a car for the duration of the trip.*

• *Gianni rented an electric scooter to visit the center of Rome.)*

Vocabolario: in cucina
(in the kitchen)

Elettrodomestici *(Domestic appliances)*:

- il Frigorifero: utilizzato per conservare il cibo a bassa temperatura. *(the Refrigerator: used to store food at a low temperature.)*
- il Congelatore: elettrodomestico che si usa per congelare il cibo. *(the Freezer: appliance that is used to freeze food.)*
- il Forno: utilizzato scongelare o cuocere il cibo ad alte temperature e può funzionare tramite elettricità o gas. *(the Oven: used to thaw or cook food at high temperatures and can work with electricity or gas.)*
- Il Microonde: usato per riscaldare o scongelare il cibo rapidamente.*(The Microwave: used to heat or thaw food quickly.)*
- la Lavastoviglie: lavare, risciacquare e asciugare le stoviglie, mediante getti d'acqua e detersivo. *(the dishwasher: wash, rinse and dry the dishes using water jets and detergent.)*
- Fornelli o Vetroceramica: sistema a gas o elettrico per cucinare i cibi tramite fuoco o induzione.*(Cookers or glass ceramic: gas or electric system to cook food by fire or induction.)*

Gli utensili *(The utensils for eating)*:

- la Pentola: recipiente in metallo o acciaio dotato di manici, che consente di cuocere il cibo sui fornelli, è generlmente dotata di un Coperchio, per impedire la dispersione di calore. *(the Pot: a metal or steel container with handles, which allows food to be cooked on the stove, it is generally equipped with a lid to prevent heat loss.)*

- la Padella: è un tipo di pentola dotata di un manico lungo e di un fondo largo e piatto. *(the Frying Pan: it is a type of pot with a long handle and a broad, flat bottom.)*
- il Tagliere: è un'asse in legno o plastica dura piana dotata di manico che si usa per tagliare i cibi. *(the cutting board: it is a wooden or hard plastic flat shaft with handle that is used to cut food.)*
- la Teglia: è usata per preparare cibi in forno.*(Pan: it is used to prepare food in the oven.)*
- la Grattugia: utensile utilizzato per grattare il formaggio.*(the Grater: a tool used to grate cheese.)*
- l'Apriscatole: piccolo attrezzo che può tagliare in profondità le scatole di latta *(the Tin: small tool that can cut the tin boxes in depth)*
- lo Schiaccianoci: arnese simile rompere il guscio di noci, mandorle e frutta secca. *(the Nutcracker: similar tool to break the shell of walnuts, almonds and dried fruit)*
- il Cavatappi: arnese di metallo per svitare i tappi in sughero. *(the Corkscrew: metal tool to unscrew the cork stoppers.)*
- l'Apribottiglie: strumento per rimuovere i tappi metallici dalle bottiglie.*(the Bottle Opener: tool to remove the metal caps from the bottles)*
- il Mestolo: grande cucchiaio con cui si versano cibi e liquidi nei piatti.*(the ladle: large spoon with which foods and liquids are poured into the dishes.)*
- l'Imbuto: arnese a forma di cono usato per travasare i liquidi in recipienti. *(Funnel: cone-shaped tool used to decant liquids into containers)*
- la Bilancia: strumento per la misurazione del peso dei cibi. *(the Libra: a tool for measuring the weight of food)*
- il Vassoio: grande piatto piano, di forma ovale o rettangolare, che serve, principalmente, per posarvi le

vivande da portare in tavola. *(the Tray: large flat plate, oval or rectangular, which serves mainly to place the food to be brought to the table.)*

- la Caffettiera: per preparare e servire il caffè in tavola. *(the Coffee Maker: to prepare and serve coffee on the table)*
- Scolapasta: permette di togliere l'acqua in accesso dopo che la psta è stata cucinata nella pentola. *(Colander: it allows to remove the water in access after the cook has been cooked in the pot)*

Posate E Recipienti *(Cutlery And Containers)*:

- Piatto: può essere Fondo o Piano, usato per servire e mangiare le vivande. *(Plate: it can be Fondo or Piano, used to serve and eat food.)*
- Forchetta: posata da tavola che si usa per infilzare e portare alla bocca le vivande *(Fork: tableware that is used to pierce and bring food to the mouth)*
- Coltello: strumento da taglio *(Knife: cutting tool)*
- Cucchiaio: posata da tavola usata per raccogliere o rimestare materia liquida. *(Spoon: tableware used to collect or stir liquid matter.)*
- Cucchiaino è un cucchiaio di dimensioni più piccole. *(Teaspoon is a smaller spoon)*
- Bicchiere: recipiente in vetro o plastica in cui si versano le bevande da bere. *(Glass: glass or plastic container into which drinks are poured)*
- Calice: bicchiere per vino. *(Goblet: wine glass)*
- Boccale: bicchiere alto e largo gerelmente per la birra.*(tall and broad glass hierarchically for beer.)*
- Tazza: contenitore per bere latte o tè *(Cup or Mug: container for drinking milk or tea)*

- La Tazzina: è una tazza di dimensioni inferiori con la quale generalmente si beve il caffè epresso *(it is a smaller cup with which epresso coffee is usually drunk)*
- Zuccheriera: recipiente in cui si mantiene lo zucchero. *(Sugar bowl: container in which the sugar is kept)*
- Saliera: recipiente in cui si mantiene il sale. *(Salt cellar: container in which salt is kept.)*
- Oliera: recipiente, solitamente bottiglia in cui si mantiene l'olio per condire insalte e varie pietanze.*(container, usually a bottle in which oil is kept to dress salads and various dishes)*

Vocabolario: buono, bene, bello e bravo (vocabulary: good, well, nice)

BENE (well)

È un avverbio di modo e si usa per descrivere come si svolge un'azione

Esempio *"Luca parla bene"*, *"Andrea nuota bene"*, *"Canto bene"*.

"Bene", pertanto, descrive come l'azione espressa dal verbo è eseguita, si usa per indicare che sappiamo svolgere, tale azione, in maniera appropriata.

Il contrario dell'avverbio "bene" è: **male**.

Esempio *"Io parlo molto male il Francese"*

(It is an adverb of mode and is used to describe how an action takes place Example "Luke speaks well", "Andrea swims well", "I sing well".

"Well", therefore, describes how the action expressed by the verb is performed, is used to indicate that we know how to perform, this action, in a satisfactory manner, that is, in a correct and appropriate manner.

The opposite of the adverb "well" is: bad.

Example "I speak French very badly")

BRAVO (good)

È un aggettivo qualificativo e concorda, in genere e numero, con il sostantivo al quale si riferisce, pertanto potremmo dire: "**bravo**", ma anche "**bravi**", "**brava**" e "**brave**".

Lo si usa per fare un apprezzamento in riferimento al talento, alla capacità di una persona di fare qualcosa.

Può essere seguito dalle preposizioni semplici:

in: quando usato in riferimento a una disciplina>>Anna è molto brava in ginnastica ritmica!

con: quando usato in riferimento a oggetti e persona>>*Angela è molto brava con gli anelli*

a: quando usato in riferimento a un verbo all' infinito>>*Giulio è molto bravo a cucinare.*

(It is a qualifying adjective and agrees, in general and in number, with the noun to which it refers, therefore we could say: "good", but also "good", "good" and "good".

It is used to make an appreciation of talent, of a person's ability to do something. It can be followed by simple prepositions:

in: when used in reference to a discipline >> Anna is very good at rhythmic gymnastics!

with: when used in reference to objects and person >> Angela is very good with rings

a: when used in reference to a verb in the infinite >> Giulio is very good at cooking.)

BELLO (nice)

Anche questo è un aggettivo, quindi possiamo avere le declinazioni: "**bello**", "**belli**", "**bella**" e "**belle**". Si usa riferimento all' estetica di un luogo, persona o oggetto, quindi ne si apprezza l'apparenza. Il suo contrario è: **brutto**.

BELLO UNO DEGLI AGETTIVI ITALIANI Più CONOSCIUTI

Esempio:

Questo luogo è molto bello, il panorama è fantastico.

Lucia e Ada sono due belle bambine.

Quel quadro è proprio brutto.

(This is also an adjective, so we can have the declensions: "bello", "belli", "bella" and "belle". Reference is made to the

aesthetics of a place, person or object, therefore its appearance is appreciated. Its opposite is: ugly.

BEAUTIFUL ONE OF THE MOST KNOWN ITALIAN AGENTS

Example:

- This place is very beautiful, the view is fantastic.
- Lucia and Ada are two beautiful girls.
- That picture is really ugly.)

BUONO *(good/delicious)*

Aggettivo che si può declinare in "**buono**", "**buoni**", "**buona**", "**buone**". Si può utilizzare in riferimento a persone per dire che sono gentili.

Esempio:

Giovanni è un bambino buono, non piange mai!

Viene utilizzato, inoltre, per esprimere la qualità di un oggetto, di solito la bontà, il gusto.

Esempio:

Il tiramisù che ha preparato la nonna è buonissimo!

(Adjective that can be declined in "good", "good", "good", "good". It can be used in reference to people to say that they are kind.

Example:

- *John is a good child, he never cries!*

It is also used to express the quality of an object, usually goodness, taste.

Example:

- *The tiramisu that the grandmother has prepared is delicious!)*

MI PRESENTO (my presentation)

Nelle presentazioni in italiano si seguono delle formule convenzionali ed alcune varianti che è interessante conoscere per poter mantenere un dialogo. *(In the presentations in Italian we follow conventional formulas and some variants that it is interesting to know in order to maintain a dialogue).*

Come ti chiami? *(What's your name?)*

MI CHIAMO ...   *(my name is..)*
IO SONO ...

Mi chiamo Massimo   *(My name is Massimo)*

Quanti anni hai? *(How old are you?)*

HO ... (NUMERO) ANNI   *(I'm ...(number of age))*

Ho 33 (trentatre) anni.   *(I'm 33)*

Da dove vieni? Da dove vieni? *(Where are you from?)*

VENGO DA ... (ARTICOLO+NAZIONE/CITTÀ) *(I come from ... (article + country / city))*

SONO ... (NAZIONALITÀ/ DI + CITTA') *(I am ... (nationality / of + city))*

Vengo da Torino. Sono italiano.   *(I come from Turin. I'm Italian)*

Vengo dalla Spagna. Sono di Madrid.   *(I come from Spain. I'm from Madrid).*

Dove vivi? *(Where do you live?)*

VIVO A ... (CITTÀ), IN (NAZIONE). *(live in ... (city/nation)*

Vivo a Roma, in Italia.   *(I live in Rome, Italy)*

Che lavoro fai? Di cosa ti occupi? *(What do you do?)*
SONO... (NOME DELLA PROFESSIONE). *(I am ... (name of the profession)).*
FACCIO IL/LA... ("").
LAVORO IN PROPRIO.

Sono una dottoressa.	*(I'm a doctor.)*
Faccio la cameriera.	*(I'm a waitress.)*
Sono un avvocato, ho il mio studio.	*(I'm a lawyer, I have my studio.)*

Sei sposato/a? *(Are you married?)*

Sì.	*(yes)*
No, sono single.	*(I'm single)*
No, sono fidanzato / a	*(No, I'm engaged)*
No, ho un compagno / a.	*(No, I have a partner)*

Hai figli? Quanti figli hai? *(Do you have children? How many childrens do you have?)*

Si, Ho... (numero) figli.	*(yes I have ... (number) children)*
No, non ho figli.	*(yes I don't have children)*

Cosa fai nel tempo libero? Quali sono i tuoi hobby? *(What do you do in your free time? What are your hobbies?)*

Nel tempo libero mi piace... (fare + sostantivo / verbo all'infinito)

Tra i miei hobby c'è... ("")

Nel mio tempo libero mi piace fare delle passeggiate. *(In my free time I like to go for walks.)*

Tra i miei hobby c'è giocare a calcio. (Among my hobbies is playing chess)

Piacere di conoscerti! *(nice to meet)*

Infine, quando ti presenti a una persona nuova, possiamo dire (Finally, when you introduce yourself to a new person, we can say):

Piacere!

Piacere di conoscerti!

E l'altra persona può rispondere (And the other person can anwer):

Piacere mio!

Il piacere è tutto mio!

Concetto Socio-Linguistico: l'uso Del Tu E Del Lei *(Socio-Linguistic Concept: the Use of TU and LEI)*

La forma di cortesia è indicata con l'espressione **"dare del Lei"** e si forma appunto usando i verbi alla terza persona singolare ed il pronome personale Lei. Quando si fa parte di una comunità ci sono delle regole sociali che devono essere rispettate, la lingua quindi rispecchiando la realtà segue le stesse regole comportamentali. *(The form of courtesy is indicated by the expression "giving of yourself" and is formed using the verbs of the third person singular and the personal pronoun Lei. When you are part of a community there are social rules that must be respected, the language thus mirroring reality follows the same behavioral rules).*

Quando parliamo dobbiamo essere consapevoli di vari elementi: **luogo** in cui ci troviamo, il **contesto** in cui siamo, della **persona o persone con cui parliamo** e dell'**argomento** di cui parliamo. *(When we speak we must be aware of various elements: the place where we find ourselves, the context in which we are, of the person or persons we talk to and of the topic we are talking about).*

Della persona dobbiamo considerare età, ruolo e grado di confidenza. Quindi dobbiamo prendere in considerazione diversi parametri e fare valutazioni: se la persona è più grande o più giovane di noi, se la conosciamo o meno e che grado di confidenza abbiamo con questa. Inoltre dobbiamo anche valutare il ruolo che ha questa persona nella nostra vita o nella conversazione. *(We need to consider age, role and degree of confidence in the person. So we have to take into account different parameters and make evaluations: if the person is bigger or younger than us, if we know it or not and what degree of confidence we have with this. Furthermore we* *must also evaluate the role that this person has in our life or conversation).*

Quindi la persona con cui parliamo più essere uno sconosciuto, un nostro amico, la zia, il datore di lavoro, un collega, un vicino di casa, etc. *(So the person we talk to most be a stranger, a friend of ours, an aunt, an employer, a colleague, a neighbor, etc).*

Dobbiamo perciò fare attenzione a quello che diciamo ,come lo diciamo e a come ci rivolgiamo alle persone. Questa serie di valutazioni ci darà l'opportunità di capire se dare del Lei o del Tu all'interlocutore. *(We must therefore pay attention to what we say, how we say it and how we address people. This series of evaluations will give us the opportunity to understand whether to give LEI or TU to the interlocutor).*

In generale, se non conosciamo una persona, dobbiamo usare la forma di cortesia. Se conosciamo la persona diamo del tu. Vi son operò diversi icasi in cui questo non è vero: casi in cui conosciamo una persona nel senso che sappiamo chi è, ma non siamo amici, e in quel caso devo dare del Lei. *(In general, if we do not know a person, we must use the form of courtesy. If we know the person we talk to her with TU. There were several actions in which this is not true: cases in which we know a person in the sense that we know who he is, but we are not friends, and in that case I must give LEI).*

Ad esempio: con i vicini di casa, spesso si usa la forma di cortesia, perché non li conosciamo bene e spesso sono più grandi. Si dice **"CONOSCERE DI VISTA"** qualcuno, cioè quando sapete chi è, ma non avete confidenza con questa persona. *(For example: with neighbors, courtesy is often used, because we do not know them well and are often older. It is called "knowing by sight" someone, that is when you know who he is, but you are not familiar with this person).*

Esempio di contesti *(example of contexts):*

Immagina di trovarti al parco con il tuo cane. Iil tuo cane si avvicina ad un altro nel parco per giocare, e tu ti ritrovi a parlare con la padrona dell'altro cane, è una ragazza probabilmente della tua età. Anche se non hai la certezza che abbia più o meno la tua età gli dovrai dare del tu, anche perché siete in un contesto informale al parco con i vostri cani. *(Imagine you are at the park with your dog. Your dog approaches another in the park to play, and you find yourself talking to the other dog's mistress, he is a boy who is probably your age. Even if you are not sure that he is your age, you will have to give him TU, also because you are in an informal context at the park with your dogs).*

Ma, se la ragazza non ha la tua età, ma è una donna più grande, dovrai usare la forma di cortesia. Non importa se il contesto è informale, il fattore dell'età vince sugli altri elementi. *(But, if the girl is not your age, but she is an older woman, you will have to use the courtesy form. It doesn't matter if the context is informal, the age factor wins over the other elements).*

Se parliamo con qualcuno più giovane di noi, diamo del TU. Ma se parliamo con qualcuno più grande di noi, per rispetto dobbiamo dare del LEI. *(If we talk to someone younger than us, we give the TU. But if we talk to someone older than us, we must respect the LEI).*

Un'altra situazione potrebbe essere quella del posto di lavoro: in ufficio parlando con i colleghi. In teoria sul posto di lavoro si deve sempre usare la forma di cortesia in quanto ambiente professionale, ma i colleghi li conosciamo da molto tempo e ormai sono amici, possiamo semplicemente dare del tu. *(Another situation could be that of the workplace: in the office talking to colleagues. In theory, in the workplace you must always use the form of courtesy as a professional environment, but if we know your colleagues for a long time and are now friends, we can simply give TU).*

Con i genitori di un amico, di un'amica, di un fidanzato, di una fidanzata, si utilizzerà sempre la forma di cortesia, soprattutto all'inizio della conoscenza, per mostrare educazione e perché queste persone sono più grandi di noi. Poi con il tempo saranno loro a chiedere di dare del TU. *(With the parents of a friend, a boyfriend, a girlfriend, you will always use the form of courtesy, especially at the beginning of the knowledge, to show education and because these people are older than us. Then in time they will be the ones to ask for the TU).*

Se volete dare del TU a qualcuno vi basterà chiederlo, porgete una semplice domanda per continuare la conversazione su un'altro livello. Però chiaramente lo chiederemo solo a un coetaneo in un contesto formale. Di solito sono le persone più grandi a chiedere di usare del TU, perché questo le fa sentire più giovani. (If you want to give somebody to TU, just ask, ask a simple question to continue the conversation on another level. But clearly we will only ask it to a peer in a formal context. Usually it is the older people who ask to use TU because that makes them feel younger).

Generalmente usiamo la forma di cortesia quando non abbiamo confidenza con una persona e quando questa persona è più grande di noi. Quindi il fattore dell'età è importante. (We generally use the form of courtesy when we are not familiar with a person and when this person is older than us. So the age factor is important).

Vocabolario: la famiglia *(vocabulary: family)*

Per famiglia s'intende generalmente il gruppo di persone composto di genitori e figli. *(For family we generally mean the group of people composed of parents and children.)*

RAPPORTI DI PARENTELA NELLA FAMIGLIA STRETTA		FALSI AMICI Attenzione a non confondere i **genitori** con **parenti**:	
i genitori	*parents*		
il padre	*father*	i genitori	*parents*
la madre	*mother*	i parenti	*relatives*
il figlio	*son*		
la figlia	*daugther*		
il marito	*husband*		
la moglie	*wife*		
il fratello	*brother*		
la sorella	*sister*		

Quando i figli sono di **sesso diverso** si usa il **plurale maschile** *(When the children are of different sex the masculine plural is used)*:

Anna e Marco hanno due **figli**: Antonio e Carlotta. *(Anna and Marco have two children: Antonio and Carlotta).*

Quando i figli sono piccoli si usa spesso la parola **bambino** al posto di **figlio** *(When children are young, the word child is often used instead of son)*:

Antonio ha solo un bambino. *(Antonio has just on child)*

Quando non si hanno né fratelli né sorelle, si dice **figlio unico / figlia unica** *(When you have neither brothers nor sisters, you say that you are an only child)*

Nel lessico familiareal posto di **padre** e **madre** si usano gli appellativi (The appellations are used in the family lexicon instead of father and mother):

mamma (mom)

papà (dad

babbo (daddy)

Nel linguaggio colloquiale spesso i figli parlano dei genitori non dicendo "i miei genitori", ma usando la forma abbreviata **"i miei"** *(In colloquial language children often talk about parents not saying "my parents", but using the abbreviated form "i miei"):*

Quando un uomo e una donna sono **sposati**, si dice che sono **marito e moglie**. Altri termini per definire persone sposate:**coniugi** (il coniuge / la coniuge);i **consorti** (il consorte / la consorte). *(When a man and a woman are married, they are said to be husband and wife. Other terms for defining married persons: spouses (the spouse / spouse)).*

Se un uomo o una donna vivono insieme senza essere sposati si dicono **conviventi**. *(If a man or a woman live together without being married they say they are CONVIVENTI.)*

Quando le persone non sono sposate l'uomo single è detto **celibe**, mentre la donna **nubile**. (When people are not married the single man is called celibe, while the unmarried nubile.)

Verbi utili per parlare della formazione di una famiglia:

fidanzarsi	*to get engaged*
sposarsi	*to marry*
convivere	*to live with*
aspettare un bambino	*to be pregnant*
avere un bambino / partorire	*to deliver*

Verbi utili per parlare della rottura di una famiglia:

lasciarsi	*to leave each other*
separarsi	*to split up*
divorziare	*to divorce*

I PARENTI (family menbers)

Per **parenti** si intendono generalmente in Italia tutte le persone con cui si hanno relazioni di parentela, naturale o acquisita. *(Family members generally refer to all persons with whom they are related in Italy.)*

Parenti di primo grado (first grade):

il nonno / la nonna	*grandparents*
lo zio / la zia	*uncle / aunt*
il nipote	*grandson / nephew*
la nipote	*granddaugther / niece*
il cugino / la cugina	*cousin*

La parola **nipote** indica sia i figlio dei figli sia i figlio dei fratelli: solo dal contesto si può capire l'esatto legame di parentela. *(The word nephew indicates both the children of the children and the children of the brothers: only from the context can the exact family relationship be understood.)*

Esistono poi i nomi dei parenti cosiddetti **acquisiti**, che sono molto diversi dall'inglese: non esiste infatti, in italiano, una locuzione corrispondente a "in-law" che si aggiunga ai nomi di famiglia: ogni termine diverso. *(Then there are the names of the so-called acquired relatives, which are very different from English: in fact, in Italian, there does not exist a phrase corresponding to "in-law" which is added to family names: any different term.)*

il suocero / la suocera	*parents-in-law*
il genero / la nuora	*son / daughter-in-law*
il cognato / la cognata	*brother / sister-in-law*

Un po' di grammatica: Gli aggettivi prossessivi con i termini di parentela

	sing.masc.	*sing.fem.*	*pl.masc.*	*pl.fem.*
my	il mio	la mia	i miei	le mie
your	il tuo	la tua	i tuoi	le tue
his	Il suo	la sua	i suoi	le sue
her	Il suo	la sua	i suoi	le sue
our	Il nostro	la nostra	i nostri	le nostre
your	Il vostro	la vostra	i vostri	le vostre
their	Il loro	la loro	i loro	le loro

Di solito gli aggettivi possessivi sono accompagnati dall' articolo determinativo (il, la, lo, ecc.) però gli aggettivi possessivi che si riferiscono ad un membro della famiglia **non** utilizzano l'articolo determinativo; *(Usually possessive adjectives are accompanied by the definite article (il, la, lo, etc.) but the possessive adjectives that refer to a family member do not use the definite article;)*

L'articolo determinativo viene però **sempre** usato nella **forma plurale** *(However, the definite article is always used in the plural form).*

Esempio (example):

La sua macchina è rossa.   *(His car is red.)*

Mio fratello vive a Napoli. Mia sorella invece vive a Firenze. *(My brother lives in Naples. My sister lives in Florence instead)*

La loro madre è russa. *(Their mother is Russian)*

Il mio fidanzato studia legge. *(My boyfriend is studying law.)*

I miei cugini sono molto simpatici. *(My cousins are very nice.)*

Vocabolario: fare la spesa
(vocabulary: grocery shopping)

Vi è mai capitato di guardare il vostro frigorifero e trovarlo vuoto o non trovare niente nell'armadio che vi piaccia?

Abbiamo allora bisogno di fare la spesa, cioè comprare ogni tipo di genere alimentari (cibo e bevande). Se invece le nostre scarpe e i nostri vestiti sono ormai vecchi o fuorimoda, dobbiamo andare a *fare spese*, cioè *fare shopping*.

(Have you ever understood to look at your fridge and find it empty or find nothing in the closet you like? We therefore need to do the shopping, that is to buy every kind of food (food and drink). If, on the other hand, our shoes and clothes are old, we have to go shopping.)

Normalmente, prima di andare a fare spesa, scriviamo una **lista della spesa** con tutte le cose di cui abbiamo bisogno per non rischiare di dimenticare qualcosa e dover tornare al supermercato.

(Normally, before going shopping, we write a shopping list with all the things we need to avoid forgetting something and having to go back to the supermarket.)

Oltre al supermercato e all'ipermercato possiamo anche **fare la spesa** al **mercato**, di solito situato all'interno di un edificio oppure all'aperto, dove troviamo la frutta, la verdura, la carne, il pesce ecc.

(In addition to the supermarket and hypermarket we can also do the shopping at the market, usually located inside a building or outdoors, where we find fruit, vegetables, meat, fish, etc.)

In una città ci sono tantissimi negozi nei quali possiamo comprare i vari tipi di generi alimentari:

panetteria >> luogo dove si fa o si vende il pane

salumeria >> negozio in cui si vendono salumi e formaggio

rosticceria >> negozio in cui si preparano e si vendono cibi fritti

pescheria >> negozio dove si vende il pesce

pasticceria >> negozio dove si vendono dolci

macelleria – la bottega o, anche, il banco di un mercato in cui si vendono le carni macellate

(In a city there are lots of shops where we can buy various types of food:

• bakery >> place where bread is made or sold

• delicatessen >> shop selling salami and cheese

• rotisserie >> shop where fried foods are prepared and sold

• fish market >> shop where fish is sold

• pastry shop >> shop where sweets are sold

• butcher's shop >> the shop or even the counter of a market where slaughtered meats are sold)

Nota "fare le spese di", non ha il significato di fare compere ma significa subire le conseguenze di una azione, pagare le conseguenze di qualcosa a vantaggio di altri:

esempio:

Maria ha rotto il mio libro ed io ne ho fatto le spese.

(Note [FARE LE SPESE DI] does not mean shopping but means suffering the consequences of an action, paying the consequences of something for the benefit of others.

example: • Maria broke my book and I paid for it.)

PER RIASSUMERE (summary)

Quando si tratta di acquistare cose, l'italiano usa una varietà di espressioni diverse, vediamone alcune (When it comes to **buying things**, Italian use a variety of different expressions, let's see some of them):

Fare la spesa (buying groceries)

Fare shopping *(buying clothes)*
Fare compere/acquisti/spese *(buying anything but food)*
Fare commissioni *(running errands)*

NEL SUPERMERCATO
la **spesa** (grocery shopping)
il **carrello** (shopping cart)
la **lista della spesa** (groecery list)
la **cassa** (check-out)
lo **scontrino** (sales receipt)
la **carta di credito** (credit cared)
il **contante** (cash)
il **sacchetto** (bag)
gli **scaffali** (shelves)

REPARTI de SUPERMERCATO o NEGOZI SPECIALIZZATI
in **macelleria** (meat market)
in **panetteria**/in **panificio** (bakery)
in **pasticceria** (pastry shop)
in **pescheria** (fish shop)
al **supermercato** (supermarket)
al **mercato** (street market)

TIPI DI NEGOZIO
centro commerciale (shopping mall)
negozio di abbigliamento (clothing shop)
negozio di elettrodomestici (hardware shop)

mercatino dell'usato (flea market)
negozio biologico (bioshop)

COMPRARE al SUPERMERCATO
un **pacco di pasta** *(a package of pasta)*
una **bottiglia** di vino *(a bottle of wine)*
un **barattolo** di fagioli *(a jar of beans)*
una **scatoletta** di tonno *(a tin of/a tuna)*
una **scatola** di caramelle *(a box of candies)*
una **lattina** di cola *(a can of cola)*
un **cartone/bottiglia** di latte (a *carton/bottle of milk.)*
una **tavoletta** di cioccolato *(a bar of chocolate)*
una **busta** di zucchine *(a bag of sugar)*
un **litro** di latte *(1L of milk)*
un **etto** di prosciutto *(100gm of ham)*
un **chilo** di mele *(1KG of apple)*
mezzo chilo di pane *(0.5KG of bread)*
due chili di arance *(2KG of oranges)*

Grammatica: pronomi personali soggetto e complemento *(grammar: personal pronouns subject and complement)*

I pronomi personali soggetto e complemento indicano la funzione logica che persone, animali o cose svolgono all'interno di una frase come soggetti dell'azione espressa dal verbo oppure come complementi del predicato. In italiano, i pronomi si caratterizzano in base alla persona, al numero (singolare o plurale) e al genere (maschile o femminile), e presentano una sola forma quando hanno la funzione di soggetto e due forme (una tonica e una atona) quando invece vengono utilizzati come complementi.

(The personal pronouns subject and complement indicate the logical function that people, animals or things carry out within a sentence as subjects of the action expressed by the verb or as complements of the predicate. In Italian, the pronouns are characterized on the basis of the person, the number (singular or plural) and gender (masculine or feminine), and they have only one form when they have the function of subject and two forms (a tonic and an atonic) when instead they are used as complements)

IL PRONOME PERSONALE SOGGETTO

Il pronome personale soggetto è quello che usiamo per indicare chi parla (pronome di prima persona singolare o plurale: io/noi), chi ascolta (pronome di seconda persona singolare o plurale: tu/voi) o ciò di cui si parla (pronomi di terza persona singolare o plurale: egli/lui/esso, ella/lei/essa, noi, voi, essi/loro, esse/loro). Notiamo che i pronomi della prima e della seconda persona, sia singolare che plurale, sono invariabili, mentre la terza persona singolare e plurale ha forme diverse al maschile e al femminile. Egli ed ella sono utilizzati in riferimento a persona, esso ed essa in riferimento a cose, animali ed entità astratte.

(The subject personal pronoun is the one we use to indicate the speaker (first person singular or plural pronoun: I / we), the listener (second person singular or plural pronoun: you / you) or what we talk about (pronouns of third person singular or plural: he / she / it, she / she / it, we, you, they / they, they / them). We note that the pronouns of the first and second person, both singular and plural, are invariable, while the third person singular and plural has different forms in the masculine and the feminine. He and she are used in reference to a person, it and it in reference to things, animals and abstract entities.)

Io	(I)
Tu	(you)
Egli/Lui/lei/esso/essa	(he/she/it)
Noi	(we)
Voi	(you)
Essi /loro	(they)

Particolarità dei pronomi personali soggetto

Nella lingua italiana, il soggetto non deve essere necessariamente espresso perché l'italiano è una lingua soggetto nullo. La desinenza del verbo ci permette di capire facilmente chi sta parlando. Così, si può dire sia "io ho caldo" che semplicemente "ho caldo" senza pregiudicare la comunicazione.

(Peculiarities of the subject personal pronouns

In the Italian language, the subject need not necessarily be expressed because Italian is a language with zero subject. The verb ending allows us to easily understand who is speaking. Thus, one can say both "I have hot" [IO HO CALDO] and simply "I am hot"[HO CALDO] without compromising communication.)

I PRONOMI PERSONALI COMPLEMENTO

I pronomi personali complemento possono invece assolvere a più funzioni logiche:

complemento oggetto, risponde alla domanda che cosa? Chi? >> La magia più tardi. Lo chiamo dopo.

complemento di termine, risponde alla domanda "a chi?" >> Le scriverò subito. Gli mando un pacco.

complemento di compagnia , indiretto >> sono stato in montagna con lei. Lucia la ha accompagnata a scuola.

(The complement personal pronouns can instead perform more logical functions:

• object complement, answers the question what? Who? >> He eats it later. I'll call it later.

• deadline, answers the question "to whom?" >> I will write to you immediately. I send him a package.

• Complement of company, indirect >> I was in the mountains with her. Lucia accompanied her to school.)

Vocabolario : le principali professioni (Vocabulary: most important professions)

PROFESSIONE / MESTIERE	PROFESSION / OCCUPATION
Agricoltore	Farmer
Architetto	Architect
Attore	Actor
Autista	Driver
Barista	Barman
Cameriere / cameriera	Waiter/waitress
Casalinga	Housewife
Commesso/a	Shop assistant
Cuoco/a	Cook
Disoccupato/a	Unemployed
Dottore / dottoressa	Doctor
Falegname	Carpenter
Farmacista	Pharmacist
Giornalista	Journalist
Impiegato/a	Employee
Infermiere/a	Nurse
Ingegnere	Engineer
Insegnante	Teacher

Meccanico	Mechanic
Medico	Doctor
Muratore	Builder
Operaio/a	Manual worker
Pensionato/a	Pensioner
Professore / professoressa	Professor
Ragioniere/a	Accountant
Scrittore/scrittrice	Writer
Segretaria	Secretary
Studente / studentessa	Student
Traduttore / traduttrice	Translator
Vigile del fuoco	Fireman
Regista	Director
Poliziotto	Cop
Cantante	Singer
Musicista	Musician
Idraulico	Hydraulic
Ballerino/a	Dancer

Grammatica: Italiano lingua a Soggetto nullo *(Grammar: Italian language with no subject)*

L'italiano è una lingua a soggetto nullo o pro-drop (da pronoun dropping, "caduta del pronome"). Quindi il soggetto pronominale può essere omesso, mentre in inglese è obbligatorio.

Esempio *(example):*

- Sei bellissimo (you are beautilful)
- Torni domani? (will you come back tomorrow?)
- É andato a lavoro (he went to work)
- Ho fame (I'm angry)
- Puoi aiutarmi? (can you help me?)
- Ha pianto tutto il giorno (He cried all day)

Inoltre, l'inglese può richiedere un soggetto fittizi, il cosiddetto dummy pronoun, che ha unicamente una funzione sintattica ma non aggiunge alcun significato. Viceversa, l'italiano non lo ammette.

(Furthermore, English may require a fictitious subject, the so-called dummy pronoun, which has only a syntactic function but does not add any meaning. Conversely, the Italian does not admit it.)

Soggetto posposto

In italiano il soggetto può essere posposto al verbo per dare evidenza a elementi diversi dell'enunciato (focalizzazioni), un meccanismo molto comune nelle costruzioni passive. In inglese, invece, l'inversione verbo-soggetto nelle frasi affermative non è consentita.

(Postponed subject

In Italian the subject can be postponed to the verb to give evidence to different elements of the sentence (focussing), a very common mechanism in passive constructions. In English, however, the verb-subject inversion in affirmative sentences is not allowed.)

Esempio *(example):*

- Chiamerò IO Marco quando lo riterrò opportuno. *(I will call Marco when I consider it appropriate)*
- Verrà LUI a cercarmi *(He will come to look for me)*
- Parla ANTONIO quando è il suo turno. *(ANTONIO speaks when it's his turn).*

Vocabolario: al ristorante
(vocabulary: at restaurant)

Quando dobbiamo scegliere dove mangiare in Italia abbiamo numerose opportunità *(When we have to choose where to eat in Italy we have numerous opportunities)*:

- **Buffet**, vivande poste su tavoli o mobili, a libero servizio, utilizzato in caso di rinfreschi, pranzi di lavoro, meeting, piccoli locali, villaggi turistici.*(Buffet, meals placed on tables or furniture, self-service, used in case of refreshments, business lunches, meetings, small rooms, tourist villages.)*
- **Fast food**, è un tipo di ristorazione di origine e principale diffusione in paesi di cultura anglosassone, ristorazione veloce da preparare e consumare. Si possono incontrare anche fast food ambulanti che forniscono cibo simile e con le medesime modalità. *(Fast food, it is a type of restaurant of origin and main diffusion in Anglo-Saxon culture countries, fast food to prepare and consume. You can also meet street fast foods that provide similar food in the same way.)*
- **Mensa**, locale in prossimità dei luoghi di lavoro o delle scuole, a servizio dei dipendenti o degli studenti. *(Canteen, room near workplaces or schools, for employees or students)*
- **Osteria**, si serve prevalentemente vino e, in alcuni casi, cibi e spuntini gourmet.*(Osteria, mainly wine is served and, in some cases, gourmet foods and snacks.)*
- **Paninoteca**, si servono quasi esclusivamente panini, toast, stuzzichini e bevande.*(Sandwich bar, almost exclusively sandwiches, toasts, snacks and drinks are served)*
- **Pizzeria**, ristorante dove si possono consumare principalmente pizze, ma in cui spesso è possibile trovare anche altre tipologie di pietanze oppure una tavola calda, un locale che vende la pizza, intera o a tranci ("pizza al taglio"), da consumarsi in modalità take

away.(Pizzeria, restaurant where you can eat mainly pizzas, but where you can often find other types of dishes, or a place that sells pizza, whole or in slices ([pizza al taglio]), to be consumed take away.)
- **Ristorante**, locale formale con posti assegnati e servizio al tavolo.(Restaurant, formal restaurant with assigned seats and table service.)
- **Self - service**, ristorazione senza servizio a tavola.(Self-service, catering without table service.)
- **Taverna**, il loro orario di esercizio è prettamente serale e inoltre possono servire pasti completi. In definitiva le taverne sono una via di mezzo fra i bar e le trattorie.(Tavern, their working hours are purely evening and they can also serve full meals. Uàltimately the taverns are a cross between bars and restaurants.)
- **Tavola calda o tavola fredda**, tutta la produzione di rosticceria o snack di prodotti salati ed insalate.(Hot table or cold table, all the production of rotisserie or snacks of savory products and salads.)
- **Trattoria**,è di tipo popolare destinata alla vendita e consumazione dei pasti in loco. Alcune trattorie o osterie sono rinomate per la qualità dei cibi e per la caratterizzazione locale e regionale della loro cucina. (Trattoria, is mainly popular, intended for the sale and consumption of meals on site. Some trattorias or taverns are renowned for the quality of the food and for the local and regional characterization of their cuisine.)

VOCABOLARIO AL RISTORANTE

- Tavolo   (table)
- Menù   (menu)
- Carta dei vini   (wine list)
- Coperto   (cutlery)
- Cameriere   (waiter)
- Cuoco   (cook)
- Chef   (chef)
- Sommelier   (sommelier)
- Grembiule   (apron)
- Uniforme   (uniform)

- Vassoio (tray)
- Conto (bill)
- Mancia (tip the waiter)
- Cliente (customer)
- Lavapiatti (dishwasher)
- Resposabile di sala (manager)
- Prenotazione (Booking a table)

COSA TROVIAMO NEI MENù

- Antipasti (appetizers)
- bevande analcoliche (alcohol-free drinks)
- vino (wine)
- birra (beer)
- superalcolici (spirits)
- cocktail (cocktail)
- burri e salse (butters and sauces)
- carni (meats)
- pesce (fish)
- dolci (dessert)
- erbe; spezie; aromi (herbs; spices; aromas)
- formaggi (cheeses)
- frutta (frutta)
- minestre; zuppe; creme o vellutate (soup or cream)
- pasta (pasta)
- pasta ripiena (stuffed pasta)
- riso e risotti (rice and risotto)
- salumi (cured meat)
- uova (eggs)
- verdure (vegetables)
- pizze (pizzas)
- calzoni (stuffed pizza)
- insalate (salads)

ALCUNI PIATTI E PRODOTTI TIPICI DELLA TRADIZIONE ITALIANA *(some dishes and typical products of the italian tradition)*

- **Tortellini in brodo**, tipica pasta bolognese ripiena di carne, fatta a mano servita con brodo di carne molto caldo. *(typical Bolognese pasta stuffed with meat, handmade served with very hot meat broth.)*
- **Ravioli**, tipica pasta ripiena servita con diversi sughi e salse. Il ripieno può essere a base di carne,pesce o vegetale come spinaci e ricotta.*(typical stuffed pasta served with different sauces. The filling can be based on meat, fish or vegetables such as spinach and ricotta.)*
- **Tagliatelle al ragù**, tipico piatto della tradizione emiliana con pasta lunga fatta a mano e sugo di carne.*(typical dish of the Emilian tradition with long handmade pasta and meat sauce.)*
- **Polenta**, un composto a base di farina di mais servito con diversi sughi e soprattutto con carni in umido.*(a mixture of corn flour served with different sauces and especially with stewed meats)*
- **Risotto allo zafferano**, tipico della città di Milano gli ingredienti principali per condire il riso amalgamato in un tegame sono lo zafferanno che garantisce il colore giallo ed il midollo di bue.*(typical of the city of Milan the main ingredients for seasoning rice mixed in a pan are the sapphire which guarantees the yellow color and the bone marrow.)*
- **Risotto alla pescatora**, un primo piatto a base di riso e frutti di mare classico e raffinato che racchiude tutti i sapori e gli odori del mar mediterraneo.*(a first course based on classic and refined rice and seafood that contains all the flavors and smells of the Mediterranean sea.)*
- **Bucatini all'amatriciana**, piatto tipico della capitale italiana in cui l'elemento principale è il guanciale, i bucatini è una pasta caratterizzata da una forma lunga simile agli spaghetti però bucati nel centro. *(typical dish of the Italian capital where the main element is the guanciale, the bucatini is a pasta characterized by a*

long shape similar to spaghetti but pierced in the center.)
- **Spaghetti alla carbonara**, altro piatto tipico di Roma in cui gli ingredienti principali sono le uovo, il pecorino romano ed il guanciale o la pancetta.*(another typical dish of Rome where the main ingredients are eggs, pecorino romano and guanciale or pancetta.)*
- **Bistecca alla fiorentina**, il tipo di taglio della carne e la specifica preparazione, da mangiare rigorosamente "al sangue",ne fanno uno dei piatti più conosciuti della cucina toscana.*(the type of cut of the meat and the specific preparation, to be eaten strictly "to the blood", make it one of the most popular dishes of Tuscan cuisine.)*
- **Panzanella**, un piatto povero e gustoso della tradizione toscana: pane toscano raffermo, cipolla rossa, basilico, olio extravergine di oliva, aceto e poco sale.*(a poor and tasty dish from the Tuscan tradition: stale Tuscan bread, red onion, basil, extra virgin olive oil, vinegar and a little salt.)*
- **Caprese con mozzarella di bufala**, ha origini nella famosa isola di Capri, sono racchiusi in lei colori della bandiera italiana: rosso del pomodoro, bianco della mozzarella e verde del basilico fresco. *(has origins in the famous island of Capri, are enclosed in her colors of the Italian flag: tomato red, mozzarella white and fresh basil green.)*
- **Trofie al pesto**, tipo di pasta tipica della cucina ligure condita con il pesto di basilico alla genovese. Il pesto si ottiene pestando il basilico fresco con sale, pinoli aglio, parmigiano ed olio extra vergine di oliva. *(type of pasta typical of Ligurian cuisine topped with Genoese basil pesto. Pesto is obtained by pounding the fresh basil with salt, garlic pine nuts, parmesan and extra virgin olive oil.)*
- **Gnocchi alla sorrentina**, gli gnocchi sono una pasta a base di patate, farina ed acqua, cotti e conditi con salsa di pomodoro, mozzarella fiordilatte, parmigiano e basilico.*(gnocchi are a pasta made with potatoes, flour*

and water, cooked and seasoned with tomato sauce, mozzarella fiordilatte, parmesan and basil)
- **Parmigiana**, è un piatto a base di melanzane fritte e gratinate in forno con passata di pomodoro, basilico, aglio e uno o più formaggi. *(it is a dish made with fried aubergines and baked in the oven with tomato sauce, basil, garlic and one or more cheeses.)*
- **Lasagna**, pasta fatta a mano tagliata a larghe strisce disposte a strati in una teglia con ragù e besciamella e quindi cotte in forno. *(handmade pasta cut into large strips arranged in layers in a pan with ragù and béchamel and then baked in the oven.)*
- **Pasta alla boscaiola**, il sugo alla boscaiola è un classico della cucina italiana si differenzia nelle varie regioni italiane però in genere i funghi sono sempre presenti insieme alla salsiccia e alla salsa di pomodoro. *(the Boscaiola sauce is a classic of Italian cuisine that differs in the various Italian regions but in general the mushrooms are always present together with the sausage and tomato sauce.)*
- **Pasta alla norma**, è un piatto dai sapori tipicamente mediterranei a base di maccheroni, conditi con pomodoro, melanzane fritte, ricotta salata e basilico. *(is a dish with typically Mediterranean flavors based on macaroni, seasoned with tomato, fried aubergines, salted ricotta and basil.)*
- **Pizza margherita**, la regina delle pizze, la pizza napoletana più popolare al mondo, condita con pomodoro, mozzarella, basilico fresco, sale e olio. *(the queen of pizzas, the most popular Neapolitan pizza in the world, seasoned with tomato, mozzarella, fresh basil, salt and oil.)*
- **Limoncello**, è un liquore dolce, ottenuto dalla macerazione in alcol etilico delle scorze del limone della città di Sorrento. *(it is a sweet liqueur, obtained from the maceration in ethyl alcohol of the lemon rinds of the city of Sorrento.)*
- **Tiramisù**, è sicuramente uno dei dessert più golosi e conosciuti al mondo, grazie alla dolcezza del mascarpone

e al gusto intenso del caffè. *(it is certainly one of the most delicious and known desserts in the world, thanks to the sweetness of the mascarpone and the intense taste of coffee)*
- **Cappuccino**, è la bevanda della colazione italiana per eccellenza composta da caffè e latte montato.*(is the Italian breakfast beverage par excellence made up of coffee and whipped milk.)*
- **Panettone**, è un dolce lievitato tipico italiano, in particolar modo della zona compresa tra Lombardia e Piemonte. Caratteristico soprattutto del periodo Natalizio. *(is a typical Italian leavened cake, especially from the area between Lombardy and Piedmont. Characteristic especially of the Christmas period.)*
- **Parmigiano**, Reggiano è un formaggio a pasta dura. Uno dei formaggi più conosciuti nel mondo originario della città di Parma.*(Reggiano is a hard cheese. One of the most famous cheeses in the world originating from the city of Parma.)*
- **Gelato artigianale**, uno dei prodotti italiani più conosciuti al mondo. Migliaia i gusti disponibili e cremosissimi. *(one of the most popular Italian products in the world. Thousands of flavors available and very creamy.)*
- **Cannolo siciliano**, il re dei dolci siciliani, è fatto con una cialda fritta a forma di tubo ripiena di ricotta.*(the king of Sicilian sweets, is made with a fried wafer-shaped tube filled with ricotta.)*
- **Babà napoletano**, è un dolce da forno a pasta lievitata con lievito di birra, tipico della pasticceria napoletana inzuppato solitamente di rum.*(is a yeast-baked baking cake with brewer's yeast, typical of Neapolitan pastry usually drenched with rum.)*

Vocabolario: in hotel
(vocabulary: in hotel)

Hotel / Albergo	*Hotel*
Ostello	*Ostel*
Accoglienza/Ricezione / Ricevimento	*Reception / Front desk*
Ingresso	*Lobby*
Disponibilità	*Availability*
Prenotazione	*Reservation*
Data di arrivo	*Arrival date*
Data di partenza	*Departure date*
Receptionist / Addetto alla ricezione	*Receptionist*
Ospite	*Guest*
Portiere	*Doorman*
Fattorino	*Porter*
Turista	*Turist*
Camariere/a	*Waiter / Waitress*
Camera / Stanza	*Room*
Camera singola	*Single room*
Camera doppia	*Double room*
Camera matrimoniale	*Master bedroom*

Mezza pensione	*Half board*
Pensione completa	*Full board*
con / senza bagno	*En suite / without bathroom*
Vasca idromassaggio	*Jacuzzi*
Aria condizionata	*Air conditioning*
Riscaldamento centralizzato	*Central heating*
Telefono in camera	*Telephone in room*
TV in camera	*Television in room*
Bar / Ristorante	*Bar / restaurant*
sala da pranzo	*Dining room*
Sala conferenza	*Conference room*
Cassaforte	*Safe*
Frigobar	*Mini-bar*
Sveglia	*Wake-up call*
Chiave	*Key*
Bagaglio	*Luggage*
Valigia	*Suitcase*
Mancia	*Tip*
Servizio di lavanderia	*Laundry service*
Servizio in camera	*Room service*

Assistenza per bambini	*Childcare service*
Autonoleggio	*Rent a car*
Scala /e	*Stairs*
Ascensore	*Elevator / lift*
Giardino	*Garden*
Parcheggio / Garage	*Garage*
Finestra	*Window*
Balcone	*Balcony*
Porta	*Door*
Veranda	*Veranda*
Piscina	*Swimming pool*
Terrazza	*Balcony*

DIALOGO PER PRENOTARE UNA CAMERA in HOTEL
(dialogue for booking a room in a hotel)

HOTEL: Albergo "Dolce Sonno", buongiorno.

CLIENTE: Buongiorno. Mi scusi, avete una stanza per due persone per questa notte?

HOTEL: Un momento che controllo, prego. Dunque ... si c'è una matrimoniale. Con terrazzo sul giardino interno. Le può interessare?

CLIENTE: Sì.

HOTEL: Solo per questa notte o per più giorni?

CLIENTE: Se disponibile Per 3 notti a partire da oggi.

HOTEL: Sì è disponibile, a che nome prenotiamo?

CLIENTE: Bianchi

HOTEL: Bianchi, perfetto.

CLIENTE: Che prezzo ha la camera?

HOTEL: Gliela posso offrire per 85€ a notte, colazione inclusa. Cosa le pare?

CLIENTE: Si ok benissimo. Grazie. Avete parcheggio per l'auto?

HOTEL: No signora, mi dispiace ma c'è un grande parcheggio pubblico qui vicino.

CLIENTE: Ah ok, la ringrazio... Da che ora è possibile il chek in?

HOTEL: Dalle 14.00 in poi.

CLIENTE: La ringrazio, a fra poco allora.

HOTEL: Certo vi aspettiamo presto.

(HOTEL: *"Dolce Sonno" hotel, good morning.*

CUSTOMER: *Good morning. Excuse me, do you have a room for two people for this night?*

HOTEL: *A moment please, I check. So ... there is a double room. With terrace on the inner garden. Are you interested?*

CUSTOMER: *Yes.*

HOTEL: *Only for this night or for several days?*

CUSTOMER: *If it is available, for 3 nights starting today.*

HOTEL: *Yes it is available, what name do we reserve it?*

CUSTOMER: *Bianchi*

HOTEL: *BIANCHI, perfect.*

CUSTOMER: *What is the price of the room?*

HOTEL: *I can offer it to you for € 85 a night, including breakfast. What do you think?*

CUSTOMER: *Yes, very well. Thank you. Do you have parking for the car?*

HOTEL: *No madam, I'm sorry but there is a large public car park nearby.*

CUSTOMER: *Ah ok, thank you ... What time is the check in?*

HOTEL: HOTEL: *From 2.00 pm onwards.*

CUSTOMER: *Thank you, see you soon.*

HOTEL: *Of course we are waiting for you soon.)*

FRASI CHE POSSONO AIUTARE IN HOTEL *(phrases that can help in the hotel)*

- Mi scusi, avete una camera doppia per il prossimo fine settimana? *(Excuse me, do you have a double room for next weekend?)*
- Quanto viene la camera? *(How much is the room?)*
- 120 euro, compresa la colazione. *(120 euros, including breakfast.)*
- Avete il garage/l'aria condizionata in camera? *(Do you have a garage / air conditioning in the room?)*
- Scusi, è possibile portare animali/pagare con la carta di credito/avere un'altra coperta? *(Excuse me, is it possible to bring animals / pay with a credit card / have another blanket?)*
- Avrei un problema: qui c'è il riscaldamento/la doccia che non funziona. *(I have a problem: here is the heating / shower that does not work.)*
- Avrei un problema: qui manca un cuscino/mancano gli asciugamani. *(I have a problem: there is no pillow here / no towels.)*

Vocabolario: descrizione casa/appartamento
(vocabulary: home description)

Casa	*House*
Palazzo	*Block of flats*
Appartamento	*Flat/appartment*
Attico	*Attic/penthouse*
Villa	*Country-house*
Unifamiliare	*Detached house*
Bifamiliare	*Semi-detached house*
Capanna	*Cabin*
Grattacielo	*Skyscraper*
Piano terra	*Ground-floor*
Mansarda	*Loft*
Cantina	*Basement*
Scala/e	*Stairs*
Ascensore	*Elevator/lift*
Giardino	*Garden*
Cortile	*Courtyard*
Garage	*Garage*
Cancello	*Gate*
Citofono	*Intercom*

Campanello	*Door bell*
Portone	*Gate*
Finestra	*Window*
Balcone	*Balcony*
Porta	*Door*
Veranda	*Veranda*
Stanza / Camera da letto	*Bedroom*
Cucina	*Kitchen*
Bagno	*Bathroom*
Soggiorno	*Living room*
la buca delle lettere	*letterbox*
il camino	*fireplace*
la cucina	*the kitchen*
la finestra	*the window*
la porta	*door*
la sala da pranzo	*dining room*
il salotto	*living room*
lo studio	*office*
il tetto	*roof*
il zerbino	*mat*

In Cucina

la sala da pranzo	*dining room*
il salotto	*living room*
il camino	*fireplace*
la lampada	*lamp*
la luce	*light*
la moquette	*carpet*
la parete	*wall*
il pavimento	*floor*
la poltrona	*armchair*
il soffitto	*ceiling*
il radiatore	*radiator*
la sedia	*chair*
la sedia a dondolo	*rocking chair*
il sofà	*sofa*
il tappeto	*carpet*
il tavolo	*table*
il televisore	*TV*
le tendine	*curtains*

IN camera da letto

l'armadio	*closet*
i cassetti	*drawers*
il cassettone	*chest of drawers*

la coperta	*blanket*
il copriletto	*bedspread*
il guanciale/cuscino	*pillow*
la lampada da notte	*night lamp*
il lenzuolo	*sheet*
il letto	*bed*
il materasso	*mattress*
il piumone	*duvet*
la sveglia	*alarm*

In Bagno/Lavanderia

Il water	*w.c*
il bidet	*bidet*
Il lavandino	*sink*
La doccia	*shower*
La vasca	*tub*
Gli asciugamani	*towels*
L'asciugacapelli	*Hairdryer*
Lo specchio	*mirror*
Il bagnoschiuma	*bubble bath*
La saponetta	*soap*
La tenda della doccia	*shower curtain*

La lavatrice	*washing machine*
L'asciugatrice	*dryer*
Lo stendino	*drying rack*

DIALOGO PER VISITARE UN APPARTAMENTO CON UNA AGENZIA IMMOBILIARE *(dialogue to visit an apartment with a real estate agency)*

ANNUNCIO IMMOBILIARE

Roma Trastevere, in una delle più prestigiose zone della capitale, elegante Attico di 150 metri quadri, tre camere, due bagni, cucina, salone ed ampia terrazza di uso esclusivo con vasca idromassaggio. Affitto minimo per 6 mesi. Tel. (06) 368815.

(REAL ESTATE ANNOUNCEMENT

Rome Trastevere, in one of the most prestigious areas of the capital, elegant Penthouse of 150 square meters, three bedrooms, two bathrooms, kitchen, living room and large terrace for exclusive use with Jacuzzi. Minimum rental for 6 months. Tel. (06) 368815.)

Al telefono

<u>Immobiliare:</u> Immobiliare "a casa tua" buongiorno, come posso aiutarla?

<u>Laura:</u> Pronto, buongiorno, sono la signora Bianchi chiamavo per l'appartamento che avete in affitto in zona Trastevere.

<u>Immobiliare:</u> Salve signora Bianchi sono Silvia dell'immobiliare "a casa tua", si l'annuncio che lei ha letto lo abbiamo pubblicato da poco sulla nostra pagina web. Si tratta di un attico

Stupendo, arredato con molto stile e il pezzo forte è l'incredibile terrazza molto riservata dove c'è anche una vasca idromassaggio.

<u>Laura</u>: quali sono le condizioni di affitto?

<u>Immobiliare</u>: il proprietario richiede un canone mensile di 1200€, con 2 mesi di deposito + 1 di canone per l'immobiliare. Spese di luce, gas e acqua a carico dell'inquilino. Il contratto minimo è per 6 mesi. Lei per quanto tempo stava cercando casa? Per quante persone?.

<u>Laura</u>: la casa è per la mia famiglia, io mio figlio e mio marito che lavora in zona Trastevere, per questo cerchiamo un appartamento tranquillo in zona.

<u>Immobiliare</u>: questo Attico allora fa proprio al caso vostro!

<u>Laura</u>: Stupendo! È possibile visitare l'immobile la prossima settimana?

<u>Immobiliare</u>: Certo! Prendo visione subito dell'agenda per poter trovare uno spazio per lei. Preferisce di mattina o di pomeriggio?

<u>Laura</u>: meglio nel pomeriggio così può accompagnarmi anche mio marito appena esce dall' ufficio.

<u>Immobiliare</u>: Ok. Le va bene martedì prossimo alle 16,30?

<u>Laura</u>: Si certo, posso avere l'indirizzo preciso?

<u>Immobiliare</u>: Via della Renella 5.

<u>Laura</u>: perfetto. A martedì allora. Grazie mille.

<u>Immobiliare</u>: Grazie a Lei signora Bianchi. A presto!

(<u>Real Estate</u>: Hello Real Estate "a casa tua", how can I help you?

<u>Laura</u>: Hello, I'm Mrs. Bianchi, I call for apartment that you rent in the Trastevere area.

<u>Real Estate</u>: Hi Ms. Bianchi I'm Silvia from the real estate "a casa tua", yes we recently published on our web page this

announcement. It is a wonderful penthouse, furnished with a lot of style and the better is big private terrace with a Jacuzzi.

Laura: what are rental conditions?

Real estate: owner requires a monthly fee of € 1200, with 2 months of deposit + 1 rent for the real estate. Light, gas and water charges for the tenant. Contract is minimum for 6 months. How long were you looking for a home? How many people you are?.

Laura: I'm looking for a house for my family:my son ,my husband and I. My husband works in Trastevere area, so we look for a quiet apartment in this area.

Real Estate: this Penthouse is just right for you!

Laura: Wonderful! Is it possible to visit the property next week?

Real Estate: Sure! I immediately read the agenda to find a space for you. Do you prefer in the morning or in the afternoon?

Laura: better in the afternoon, so my husband can come with me as soon as he leaves the office.

Real Estate: Ok. Are you okay next Tuesday at 4.30pm?

Laura: Yes, can I have the exact address?

Real Estate: Via della Renella 5.

Laura: perfect. On Tuesday then. Thanks a lot.

Real Estate: Thanks to you, Mrs Bianchi. See you soon!)

VOCABOLARIO: CASA e AGENZIA IMMOBILIARE

(vocabulary: house and real estate agency)

contratto	contract
Visita immobile	Visiting property
Canone affitto	Rental fee
Deposito	Rent deposit
Spese	Water charges
condominio	condominium
recedere	withdraw from a contract

Vocabolario: parti del corpo
(vocabulary: body)

testa	*head*
torace	*chest*
schiena	*back*
petto	*chest*
addome	*abdomen*
pancia	*belly*
capelli	*hair*
viso	*face*
occhio (pl. occhi)	*eye*
orecchio (pl. orecchie/orecchi)	*ear*
naso	*nose*
bocca	*mouth*
guancia	*cheek*
mento	*chin*
fronte	*forehead*
sopracciglia	*eyebrow*
collo	*neck*
spalla	*shoulder*
ascella	*armpit*

braccio (pl. braccia)	*arm*
avambraccio	*forearm*
gomito	*elbow*
mano	*hand*
dito (pl. dita)	*finger*
ginocchio (pl. ginocchia)	*knee*
gamba	*leg*
coscia	*thigh*
piede	*foot*
caviglia	*ankle*

Passiamo ora a descrivere alcune parti del nostro corpo *(Let us now go on to describe some parts of our body, such as hair and eyes).*

I CAPELLI *(hair)*

possono essere distinti in base al colore in *(Hair can be distinguished by color in)*:

- Chiari (castano chiaro, biondi)   *(light brown, blond)*
- Scuri (castano scuro, neri)   *(dark brown, black)*
- Bianchi   *(white)*

In base alla lunghezza in *(Based on length in)*:
- Corti *(short)*
- Medi *(medium)*
- Lunghi   *(long)*

In base alla piega *(According to the fold)*:
- Lisci *(straight hair)*
- Mossi *(wavy hair)*
- Ricci *(curly hair)*

A seconda della quantità in *(Depending on the quantity in)*:
- Folti (Thick hair)
- Radi (sparse hair)

Se invece una persona non ha capelli è CALVO *(If a person has no hair, he is bald)*

Quindi *(then)*:

– Tipo di pettinatura: corti, lunghi, arruffati, a spazzola, crocchia, treccia, codini, con la riga, , ricci, lisci, ondulati, crespi, mossi. *(Type of combing: short, long, ruffled, brushed, bun, braid, pigtails, with the line, , curly, smooth, wavy, frizzy, wavy.)*

– Colore: neri, biondi, castani, moro, bianchi, grigi, brizzolati, tinti, lucidi, opachi. *(Colour: black, blonde, brown, dark brown, white, grey, gray, dyed, glossy, opaque.)*

ALTEZZA E CORPORATURA *(height and body)*

Alto, basso, di media altezza, snello, magro, secco, robusto, tarchiato, grasso, cicciottello, florido, formosa, etc *(tall, low, medium height, slender, lean, dry, robust, stocky, fat, chubby, florid, shapely, etc.)*

VISO *(face)*

– aspetto fisico: liscio, rugoso, ovale, rotondo, triangolare, paffuto... *(physical appearance: smooth, wrinkled, oval, round, triangular, plump ..)*

– umore o parte del carattere: luminoso, solare, simpatico, gioioso, sereno, preoccupato, triste, arcigno, imbronciato, misterioso, arrabbiato... *(mood or part of the character: bright, sunny, sympathetic, joyful, serene, worried, sad, arcane, sulky, mysterious, angry...)*

OCCHI *(eyes)*

– Aspetto fisico: colore (chiari, scuri, luminosi), forma (rotonda, allungata, a mandorla), grandezza (grandi, piccoli...), ciglia (folte, rade) ...*(Physical appearance: colour (light, dark, bright), shape (round, elongated, almond-shaped), size (large, small...), lashes (thick, sparse) ...)*

– umore o carattere: occhi sereni, allegri, brillanti di gioia, tristi, addormentati, abbassati (imbarazzo, vergogna, timidezza), inespressivi, persi nel vuoto...; sguardo: sorridente, fisso, fermo, sincero, sfuggente, torvo, indagatore, accusatore, arrabbiato, indignato, insolente, malizioso, curioso, perplesso... *(mood or character: serene eyes, cheerful, bright with joy, sad, asleep, lowered (embarrassment, shame, shyness), inexpressive, lost in the void...; look: smiling, fixed, firm, sincere, elusive, grim, investigator, accuser, angry, indignant, insolent, mischievous, curious, puzzled...)*

NASO, ORECCHIE *(nose and earlings)*

- Colore: naso rosso Da raffreddore   *(Color (nose red from cold)*
- Forma: naso a patata, a punta, all'insù, orecchie a sveltola   *(Shape: Potato nose, pointed, upward, flared ears)*
- Dimensioni: grande, piccolo, sottile... *(- Dimensions: large, small, thin...)*

BOCCA *(mouth)*

– Aspetto fisico: forma delle labbra e della bocca (allungata, a cuore...), grandezza (grande, piccola, labbra carnose, labbra sottili...)   (*Physical appearance: shape of lips and mouth (elongated, heart-shaped...), size (large, small, fleshy lips, thin lips...)*)

– umore o il carattere: sorridente, aperta in una risata, con un sorriso aperto, imbronciata, incurvata (all'ingiù), tirata (labbra strette e tirate verso l'esterno)   (*mood or character: smiling, open in laughter, with an open smile, sullen, curved (downwards), pulled (lips tight and pulled outwards)*)

CORPO, varie parti (*BODY, various parts*)

- spalle (dritte, incurvate, strette, larghe...)
  (*shoulders (straight, curved, narrow, wide...)*)
- braccia (lunghe, corte, muscolose, magre...)
  (*arms (long, short, muscular, thin...)*)
- mani (piccole, tozze, con le dita corte, lunghe)
  (*hands (small, stubby, with short fingers, long)*)
- petto e ventre (petto ampio, formoso, ventre prominente, pancia grossa, ventre piatto...)
  (*chest and belly (large, shapely chest, prominent belly, large belly, flat belly...)*)
- gambe (lunghe, corte, slanciate, sottili, grosse, grassocce, muscolose, magre, ...)
  (*legs (long, short, slender, thin, large, plump, muscular, lean, ...)*)
- piedi (lunghi, piccoli)
  (*feet (long, small)*)

ABBIGLIAMENTO (*look*)

curato, trasandato, elegante, casual, sportivo, ordinato, pulito

(*neat, unkempt, elegant, casual, sporty, tidy, clean*)

CARATTERE   (*personality*)

espansivo, socievole, amichevole, gioviale, spensierato, esuberante, estroverso, sognatore, romantico, attivo, altruista, generoso, mite, tranquillo, timido, sereno, pacifico, pratico, riflessivo, solitario, chiuso, introverso, apatico, svogliato, pigro, fannullone, permaloso, irascibile, egoista, avaro *(expansive, sociable, friendly, jovial, carefree, exuberant, outgoing, dreamer, romantic, active, altruistic, generous, mild, quiet, shy, serene, peaceful, practical, reflective, solitary, closed, introverted, apathetic, lazy, lazy, slacker, touchy, irascible, selfish, miserly)*

UMORE   *(mood)*

Di buon umore, allegro, gaio, contento, felice, sereno, entusiasta, soddisfatto, divertito, orgoglioso, annoiato, triste, disperato, cupo, nero, depresso, apatico, permaloso, irascibile, bisbetico, preoccupato, insoddisfatto, deluso, arrabbiato. *(In a good mood, cheerful, joyful, happy, serene, enthusiastic, satisfied, amused, proud, bored, sad, desperate, dark, black, depressed, apathetic, touchy, irascible, shrewdness, worried, dissatisfied, disappointed, angry.)*

In farmacia *(pharmacy)*
Farmacia	*pharmacy, drugstore*
Farmacista	*pharmacist, chemist*
Medicina, farmaco	*medicine, drug*
Terapia	*treatment*
Antidolorifico	*painkiller*
Antinfiammatorio	*anti-inflammatory*
Calmante	*sedative*
Antisettico	*antiseptic drug*
Capsula gel	*gel capsule*
Pomata	*ointment*
Compressa	*caplet, tablet*
Sciroppo	*syrup*

Dal dottore *(doctor)*
Malattia	*illness*
Prescrizione, ricetta	*prescription*
Mi può aiutare?	*Could you help me?*
Ho bisogno di… + verbo	*I need to + verb*
Medico di famiglia, medico di base	*family doctor, general practitioner*
Allergie alimentari	*food allergies*
Malattie contagiose	*contagious sicknesses*
Cosa la porta qui?	*What brings you here?*
Ci sono problemi medici nella sua famiglia?	*Do health problems run in your family?*
Quanto pesa?	*How much do you weigh?*
È mai stato in ospedale?	*Have you ever been hospitalized?*
Le fa male?	*Are you in pain?*
Da quanto tempo ha questo dolore?	*How long have you had that pain?*
Dove le fa male?	*Where does it hurt?*
Respiri a fondo	*take a deep breath*
Mi fa male…	*I feel pain in my…*
Il dolore mi impedisce di dormire	*the pain keeps me awake*
Va sempre peggio	*It's getting worse*

Vocabolario: malattie, malessere
(vocabulary: illnesses)

Sperando che non sia mai necessario, ecco una sezione dove imparare le parole e le espressioni adatte per sintomi e andare dal dottore o dal farmacista avendo a portata di mano un mini dizionario.

(Hoping that it will never be necessary, here is a section where you can learn words and expressions suitable for symptoms and go to the doctor or pharmacist with a mini dictionary at hand.)

Spiegare i sintomi	*(Explain the symptoms)*
Dolore	*pain*
Stanchezza, debolezza	*tiredness, weakness*
Febbre	*fever*
Bruciatura	*burn*
Taglio	*cut*
Calmare il dolore	*to ease the pain*
Mal di testa	*headache*
Mal di stomaco	*stomach ache*
Mal di schiena	*backache*
Mal di gola	*sore throat*
Prurito	*itching*
Rossori	*rash / blotchiness*
Diarrea	*diarrhea*
Costipazione	*constipation*
Nausea	*nausea / to feel nauseous*
Avere la sensazione di vomitare	*to feel like throwing up / vomiting*
Vertigin	*dizziness / to feel dizzy*
Starnutire	*to sneeze*
Avere il naso che cola	*runny nose*
naso chiuso	*stuffy nose*
Prendersi un raffreddore	*to catch a cold* (prendere freddo...)
Dolori muscolari	*body aches, sore muscles*

www.ingramcontent.com/pod-product-compliance
Lightning Source LLC
Chambersburg PA
CBHW070900080526
44589CB00013B/1151